I0042838

Isabell M. Welpe, Andranik Tumasjan
Disruption und erfolgreiche Transformation

Isabell M. Welpe, Andranik Tumasjan

Disruption und erfolgreiche Transformation

Was wir von Digital Stars lernen können

DE GRUYTER
OLDENBOURG

ISBN 978-3-11-055991-0
e-ISBN (PDF) 978-3-11-056298-9
e-ISBN (EPUB) 978-3-11-055998-9

Library of Congress Control Number: 2022951976

Bibliografische Information der Deutschen Nationalbibliothek
Die Deutsche Nationalbibliothek verzeichnet diese Publikation in der Deutschen
Nationalbibliografie; detaillierte bibliografische Daten sind im Internet über
http://dnb.dnb.de abrufbar.

© 2023 Walter de Gruyter GmbH, Berlin/Boston
Einbandabbildung: Martin Steinthaler/Moment/Getty Images
Satz: Integra Software Services Pvt. Ltd.
Druck und Bindung: CPI books GmbH, Leck

www.degruyter.com

Inhaltsverzeichnis

Danksagung

Im Laufe der Entstehung dieses Buches haben wir von einer Reihe von Personen wertvolle Unterstützung erhalten, die hier nicht ungenannt bleiben sollen.

Unser besonderer Dank gilt Brian Pabinas, der alle Abbildungen dieses Buchs grafisch aufbereitet und somit zur visuellen Verständlichkeit des Buchs beigetragen hat.

Magdalena Sturm hat uns bei der Recherche sowie beim Korrekturlesen und Faktencheck intensivst unterstützt, wofür wir ihr herzlichst danken möchten.

Allen aktuellen und ehemaligen Mitarbeiter/-innen des Lehrstuhls für Strategie und Organisation an der TU München sowie des Lehrstuhls für Management und Digitale Transformation an der Johannes Gutenberg-Universität Mainz möchten wir für den inspirierenden Austausch und die Anregungen danken, die bei der Erstellung dieses Buches von großem Wert waren. Darüber hinaus danken wir allen Student/-innen, die im Rahmen ihrer Bachelor- und Masterarbeiten, Seminaren und Projektstudien wertvolle Impulse geliefert haben.

In den letzten Jahren haben wir uns mit zahlreichen Menschen aus Unternehmenspraxis, wirtschaftswissenschaftlicher Forschung und Politik zur digitalen Transformation und ihren Folgen für Organisationen ausgetauscht. Wir möchten allen diesen Personen, deren Nennung hier den Rahmung sprengen würde, für den Austausch danken.

Bei Maximilian Geßl vom Verlag De Gruyter bedanken wir uns für die endredaktionelle Unterstützung bei der Fertigstellung des Buchs. Friederike Moldenhauer danken wir sehr für das erste Lektorat und bei Petra Langhanki für ihr hervorragendes, aufmerksames und kluges Lektorat im Rahmen der Fertigstellung zur Veröffentlichung dieses Buches.

Zuletzt möchten wir uns bei Stefan Giesen vom Verlag De Gruyter für seine große Geduld und für seine ermunternde Haltung und Zuversicht sowie die stets kompetente, zuverlässige und allgemein sehr angenehme Zusammenarbeit im Rahmen der Veröffentlichung dieses Buches bedanken.

https://doi.org/10.1515/9783110562989-203

1 Digitale Stars – Wer sind sie und was können wir von ihnen lernen?

Wenn wir über digitale Transformation sprechen, geht es häufig um die Entstehung neuer digitaler Technologien und Geschäftsmodelle. Wir sind der Überzeugung, dass die Art der Unternehmensführung – die Art, wie zentrale Aspekte der Strategie, Organisation, Führung, Teammanagement, Performance- und Anreizsysteme gestaltet werden – eine wesentliche Voraussetzung für Innovationen darstellt. Im Wettbewerb ist es nicht mehr ausreichend, dass einzelne Ingenieure oder Softwareentwickler an einzelnen Technologien und anderen Erfindungen arbeiten. Vielmehr sind Unternehmen darauf angewiesen, multiple Technologien zu integrieren (z. B. KI, Internet of Things, Blockchain) und sich auf komplett neue Verfahren einzulassen. Die Aufgabe für Unternehmen besteht darin, diese neuen Ansätze mit einem effektiven Geschäftsmodell langfristig profitabel in Produkte und/oder Dienstleistungen zu verwandeln. Zusätzlich ist es zentral, dass Unternehmen auch organisationale Innovationen im Bereich Führung und Management hervorbringen, um die technologischen und geschäftsmodellbezogenen Anforderungen zu bewältigen. Digitale Stars bieten in all diesen Bereichen eine reiche Quelle für Inspiration. Die Erkenntnisse sind jedoch stets auf den eigenen Organisationskontext (z. B. Großkonzern, kleine und mittlere Unternehmen, Familienunternehmen, Non-Profit-Organisation oder Behörde) zuzuschneiden.

Ein eindrucksvolles Beispiel für die Innovations- und Wettbewerbsstärke der „Digitalen Stars" ist folgende Abbildung von Scott Galloway, die zeigt, dass Amazon selbst die eigene Branche um Längen schlägt (vgl. Abb. 1.1).

Viele der beschriebenen Veränderungen, die wir derzeit erleben – neue digitale und disruptive Geschäftsmodelle, exponenzielles Wachstum, Allgegenwärtigkeit digitaler sozialer Medien, neue Wertschöpfungsketten und Ökosysteme –, sind als Innovationen in den Hightech-Unternehmen und speziell Internet-Unternehmen der USA entstanden. Wir bezeichnen sie als die digitalen Stars. Die durch sie maßgeblich gestalteten Entwicklungen prägen nicht nur die Umwälzungen in der Geschäftswelt, sondern auch unseren Alltag in Wirtschaft, Gesellschaft und Politik sowie das private Umfeld. Allerdings haben die digitalen Stars auch neue Formen der Arbeit und Arbeitsorganisation hervorgebracht oder wiederentdeckt – viele Praktiken, die wir unter dem Begriff „New Work" subsumieren, stammen als organisationale Innovationen ebenfalls aus diesen Unternehmen (oder wurden zumindest von diesen Unternehmen als Gegensatz zum vorherrschenden „Traditional Work" in Großkonzernen wiederentdeckt): Dazu gehören beispielsweise agiles Arbeiten, Freiräume und Autonomie, demokratischere Füh-

https://doi.org/10.1515/9783110562989-001

Wie Amazon seine eigene Branche um Längen schlägt

5-Jahres-Aktienperformance des S&P 500 vs. S&P 500 Retail ETF vs. Amazon

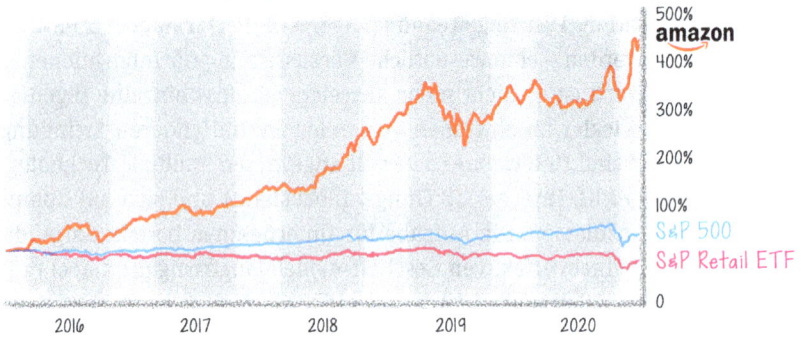

Abb. 1.1: Amazons Vorreiterstellung in der eigenen Industrie.
Quelle: Eigene Darstellung, nach Scott Galloway (2020).

rungsansätze sowie die Mitarbeitenden[1] in die Entscheidungsfindung bei Unternehmensstrategien einzubeziehen (Welpe, Tusmasjan & Theurer, 2015, S. 89–103).

Viele der digitalen Stars hatten dabei das Glück, von Beginn an ihr Unternehmen neu nach solchen Prinzipien aufzubauen, da sie erst in den letzten Jahrzehnten als Start-ups entstanden sind. Damit eröffnete sich für sie die Möglichkeit, neue Arbeits- und Organisationsformen zu implementieren und auszuprobieren, die in eine Zeit der exponenziellen Entwicklungen passen.

Interessanterweise orientieren sich viele der Praktiken der digitalen Stars konsequent an wissenschaftlichen Ergebnissen und Erkenntnissen. Beispielsweise zeigt die Forschung bereits seit mehreren Jahrzehnten, dass Autonomie und Selbstbestimmung in der Arbeit ein wichtiger Prädiktor für Kreativität, Innovation und Arbeitszufriedenheit sind. Die digitalen Stars haben dieses Prinzip für sich entdeckt und nutzen es konsequent. Beispielsweise setzt Google ganz gezielt Ergebnisse der Management- und Organisationsforschung ein, wie Laszlo Bock, der ehemalige Senior Vice President of People Operations, in seinem Buch „Work

---

[1] Um den Lesefluss etwas zu erleichtern, wurden in diesem Buch häufig Mehrfachnennungen ersetzt. Neben Neutralisierung – wie hier – wurde auch die Schrägstrichvariante und Einfachnennung verwendet.

Rules" über die Arbeit bei Google beschreibt. Die Prinzipien werden aus der Wissenschaft destilliert und anschließend bei Google als konkrete Maßnahmen, angepasst an den eigenen Kontext, umgesetzt.

Durch eigene, Google-interne datenbasierte Forschung werden die Prinzipien und Maßnahmen evaluiert und so einer Erfolgskontrolle unterzogen (Tumasjan & Welpe, 2017, S. 19–22). Um zu erfassen, welches Führungsverhalten und welche Art von Teamzusammensetzung am erfolgreichsten für das Unternehmen ist, führte Google auch eigene Forschungsprojekte mit den internen Mitarbeitenden zu den Themen Führung („Project Oxygen") und Teams („Project Aristotle") durch. Abgeleitet aus der Wissenschaft wurden mehrere methodische Ansätze kombiniert und sowohl Befragungen als auch Interviews durchgeführt und analysiert. Die Ergebnisse wurden mit konkreten Leistungskennzahlen (z. B. Umsatz pro Team oder Qualität der Ideenumsetzung) in Verbindung gebracht. Auf diese Art und Weise hat Google unabhängig von externen Daten oder Unternehmensberatungen die fünf Faktoren identifizieren können, die in *seinem* konkreten Unternehmenskontext am erfolgreichsten sind.

Letzteres ist ein wichtiger Punkt, denn alle Erkenntnisse aus der Wissenschaft, von externen Beratungen oder anderen externen Quellen sollten auf den eigenen Unternehmenskontext angepasst und deren Effektivität für die eigene Organisation evaluiert werden. Bewährte Prinzipien und Maßnahmen beschreibt Google dann nicht nur in Büchern wie „Work Rules", sondern veröffentlicht sie für alle frei zugänglich im Internet. Dieser offene und transparente Umgang mit den eigenen Praktiken ist ebenfalls kennzeichnend für viele digitale Stars.

Mit der Konzeptualisierung und Wiederentdeckung von Praktiken im Bereich New Work haben die digitalen Stars auch zu einer Debatte über eine neue Humanisierung der Arbeitswelt beigetragen. Denn Freiräume und Autonomie in der Arbeit sind nicht nur wissenschaftlich-empirisch belegte wichtige Voraussetzungen für Kreativität und Innovation, sondern stehen auch im Gegensatz zu den entsprechenden Praktiken in etablierten Großunternehmen, die wir aus der Zeit der Industrialisierung und der Blüte von Industrieunternehmen im 20. Jahrhundert kennen. Die digitalen Stars haben somit dazu beigetragen, dass sich viele traditionelle Unternehmen mit neuen Führungs-, Arbeits- und Organisationsmodellen befassen und diese umsetzen möchten, um den Mitarbeitenden eine moderne Arbeitsumgebung zu bieten und gleichzeitig Innovation und Kreativität zu fördern.

Daher bieten die digitalen Stars eine zentrale Inspirationsquelle für New Work. Die neuen Praktiken können genutzt werden, um die eigenen Methoden, beispielsweise in einem traditionellen Konzern, zu bewerten und weiterzuentwickeln. Schließlich sind die digitalen Stars ein Magnet für hochqualifizierte Fach- und Führungskräfte aus aller Welt. Neben dem hohen Gehalt sind die neuen und weltweit bekannten digitalen Produkte und Dienstleistungen sowie die New-Work-Praktiken elementare Anreize für herausragende Talente, dort arbeiten zu wollen. Wir können also auch in Hinblick auf das Recruiting, die strategische Positionierung als Arbeitgeber und die Bindung von Mitarbeitenden vieles von den digitalen Stars lernen.

Um die Hintergründe all dieser neuen Phänomene und Entwicklungen verstehen zu können, ist es wichtig, sich unmittelbar mit den Praktiken dieser Digital-Star-Unternehmen in Unternehmensführung, Organisation und Strategie zu beschäftigen. Wie entstehen neue disruptive Geschäftsmodelle in der Digitalwirtschaft? Wie kann New Work konkret ausgestaltet werden? Gibt es konkrete Organisationsstrukturen, -designs und -praktiken, die die Entstehung innovativer Ideen besonders fördern? Können Kreativität und Innovation in Unternehmen standardisiert werden? Was können Unternehmen in Deutschland von den digitalen Stars lernen – welche Praktiken sind übertragbar und welche nicht?

Diese Fragen beschäftigen uns in unserer Forschung und Lehre. In unseren Vorträgen und Beratungsprojekten haben wir festgestellt, dass konkrete Beispiele von Praktiken der digitalen Stars anderen Unternehmen dabei helfen können, Unternehmensführung, Organisation und Strategie neu zu denken und sich von ihren Beispielen inspirieren zu lassen. Natürlich sind nicht alle Praktiken auf jedes Unternehmen und jede Situation übertragbar, sondern müssen im Einzelfall auf ihre Eignung im Kontext hin geprüft werden. Trotzdem bieten sie unserer Ansicht nach einen Einblick in die organisationalen Voraussetzungen für digitale Innovationen in den Bereichen Technologie und Geschäftsmodelle, von denen Unternehmen in Deutschland lernen können, die sich für die digitale Transformation aufstellen möchten.

Wenn wir von digitalen Stars sprechen – wen meinen wir dann damit? Viele verschiedene Unternehmen der Digitalwirtschaft werden in den Medien und in populären Büchern anekdotisch diskutiert, doch meist liegt der Fokus nur auf „GAFA" – Google, Amazon, Facebook und Apple. Obwohl diese vier Unternehmen, wie der US-amerikanische Professor und Unternehmensberater Scott Galloway analysierte, eine nie zuvor dagewesene Finanz- und Kundendatenkonzentration in sich vereinen (Galloway, 2017), sind dies jedoch bei weitem nicht die einzigen digitalen Stars.

Für unsere Betrachtung haben wir daher ein systematisches Vorgehen gewählt, um eine balancierte und objektivierbare Auswahl der erfolgreichsten Unternehmen der Digitalwirtschaft zusammenzustellen. Die Methodik zur Identifizierung der digitalen Stars orientiert sich dabei an einer Definition der „Digitalwirtschaft" durch das North American Industry Classification System (NAICS). Die Definition ist dabei angelehnt an eine Studie der Technischen Universität München[2], die für die Expertenkommission Forschung und Innovation (EFI) erstellt wurde.

---

2 https://www.e-fi.de/fileadmin/Innovationsstudien_2016/StuDIS_12_2016.pdf (abgerufen am 16.11.2021).

Aus den so ermittelten Unternehmen wurden zunächst die erfolgreichsten nach Marktkapitalisierung (> zehn Milliarden US-Dollar, Stand 31.12.2015; Quelle: Datenbank Thomson Reuters Eikon) ausgewählt. Wenn für mehr als drei Jahre Daten zur Marktkapitalisierung vorhanden waren, wurde die durchschnittliche jährliche Wachstumsrate herangezogen, um die Unternehmen in eine Rangfolge zu bringen. Standen für weniger als drei Jahre Daten zur Marktkapitalisierung zur Verfügung, wurden die Unternehmen nach der Größe ihres Börsengangs beurteilt. Um die Liste zu ergänzen, wurden zudem sogenannte „Unicorns" miteinbezogen. Während die übliche Definition hierunter Unternehmen versteht, die mit mehr als einer Milliarde US-Dollar bewertet wurden, haben wir das Kriterium auf zwei Milliarden erhöht. Zudem haben wir auch Unicorns miteinbezogen, die für mehr als zwei Milliarden US-Dollar akquiriert wurden oder deren Marktkapitalisierung beim Börsengang bei mehr als zwei Milliarden US-Dollar lag. Abbildung 1.2 zeigt exemplarisch die Top 10 Unicorns aus dem Jahr 2019.

Auf unserer Liste befinden sich insgesamt 182 Unternehmen, die die oben genannten Kriterien erfüllen. Darunter sind bekannte Unternehmen aus den USA wie Facebook (heute Meta), Alphabet (Dachgesellschaft, zu der Google als Hauptunternehmen gehört), Amazon, Apple, LinkedIn, Netflix, Salesforce, T-Mobile US, Oracle oder Time Warner. Andererseits finden sich auch einige Unternehmen aus Deutschland wie SAP, Telefonica, Infineon, Kabel Deutschland oder United Internet darin. Unser Sample enthält auch weniger bekannte Unternehmen wie WeWork, Magic Leap, Mozido, Stemcentrx oder Nutanix. Als Unicorns sind ferner Unternehmen wie Uber, Airbnb, Xiaomi, Pinterest oder Lyft auf unserer Liste. Aufgrund der steigenden Präsenz chinesischer Unternehmen in den USA und Europa, enthält unsere Auswahl ferner Tencent, Baidu und Lenovo.

Insgesamt umfasst die Liste eine breite Palette von Unternehmen aus unterschiedlichen Regionen, unterschiedlicher Größe und – innerhalb der Digitalwirtschaft – unterschiedlichen Branchen, die es somit ermöglicht, eine gewisse Bandbreite von Praktiken dieser Unternehmen zu analysieren. Für die Analysen dienen diese Firmen nicht als einziger Anhaltspunkt, sondern vielmehr als Ausgangsbasis. Je nach Thema wurden weitere Beispiele analysiert und ihre Praktiken beschrieben, um spezifischeren Fragen gerecht zu werden. Zudem ist es wichtig zu beachten, dass Beispiele betrachtet werden, die am prägnantesten und am besten dokumentiert erscheinen – es ist also eine subjektiv getroffene Auswahl. Schließlich ist die Stichprobe nicht repräsentativ und die Praktiken derjenigen Unternehmen, die keine öffentlich zugänglichen Informationen bereitstellen bzw. über die nicht berichtet wird, wurden nicht berücksichtigt.

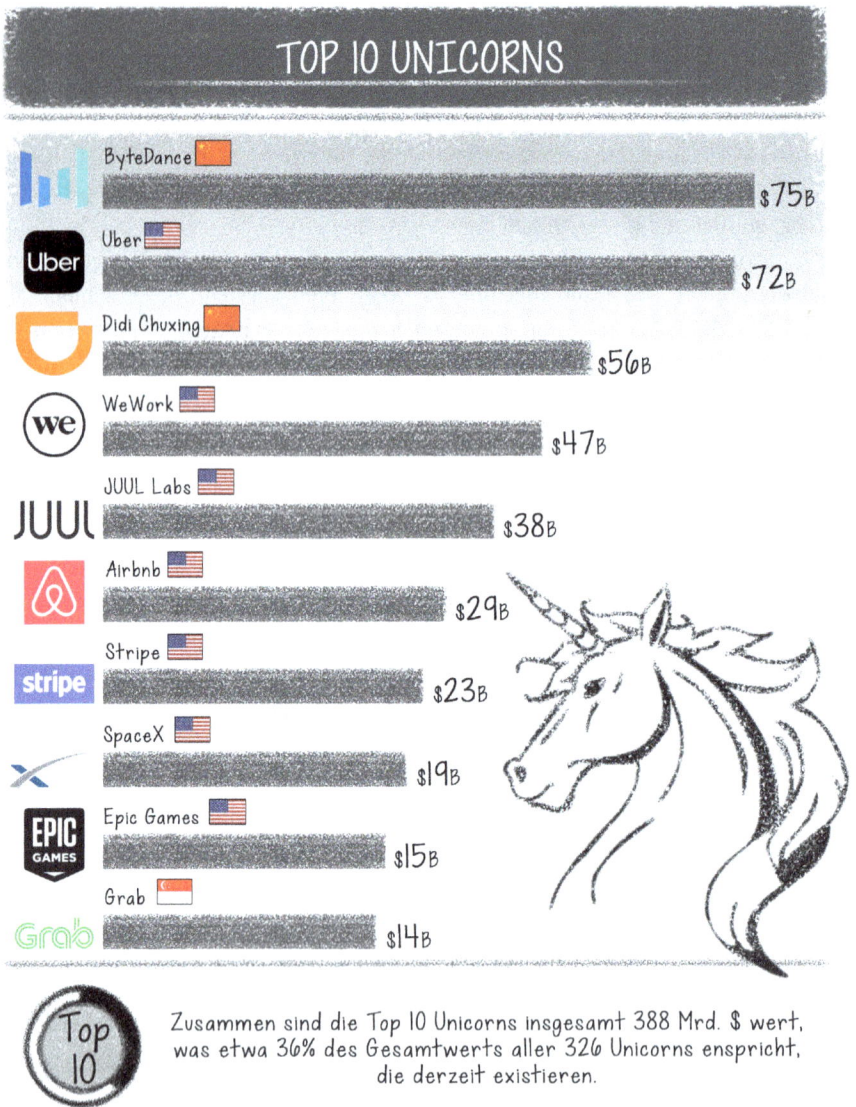

TOP 10 UNICORNS

ByteDance	$75B
Uber	$72B
Didi Chuxing	$56B
WeWork	$47B
JUUL Labs	$38B
Airbnb	$29B
Stripe	$23B
SpaceX	$19B
Epic Games	$15B
Grab	$14B

Top 10

Zusammen sind die Top 10 Unicorns insgesamt 388 Mrd. $ wert, was etwa 36% des Gesamtwerts aller 326 Unicorns enspricht, die derzeit existieren.

Abb. 1.2: Die Top 10 Unicorns im Jahr 2019 stammen hauptsächlich aus China und den USA. Quelle: Eigene Darstellung, nach: visualcapitalist[3].

---

3 Quelle: https://www.visualcapitalist.com/visualizing-the-unicorn-landscape-in-2019/ (abgerufen am 19.01.2022).

2 Neue Realität für Unternehmen

Die Wirtschaft und ihre Unternehmen unterliegen derzeit umbruchsartigen Veränderungen, die viele etablierte Unternehmen vor große Herausforderungen stellen. IBM führt regelmäßig die Global IBM Leadership Survey durch (IBM, 2010). Im Jahr 2010 wurden 1.500 CEOs aus unterschiedlichen Ländern zu Themen der Unternehmensführung befragt. Einig war sich die überwiegende Mehrheit der Vorstandsvorsitzenden, dass eine der größten Herausforderungen die stetig zunehmende Komplexität sei. Die Mehrzahl von ihnen zweifelte zudem daran, dass ihr Unternehmen ausreichend gut gerüstet sei, um diese Komplexität noch bewältigen zu können.

Dieses Gefühl, dass die Komplexität und Dynamik immer weiter zunehmen und dadurch eine permanente Echtzeitsteuerung im Unternehmen notwendig macht, lässt sich mit einer Reihe von Zahlen und Fakten belegen: Wir wissen zum Beispiel, dass die „Halbwertszeit einer erlernten Fähigkeit von vormals durchschnittlich 30 Jahren im Jahr 2014 bereits auf 5 Jahre gesunken ist" (Ismail et al., 2014, S. 53, Übersetzung durch die Autor/-innen). Darüber hinaus wurden 89 Prozent der Fortune-500-Firmen von 1955 nicht mehr im Jahr 2019 gelistet (Perry, 2019; vgl. Abb. 2.1). Angesichts solcher Statistiken ist klar, dass sich Unternehmensführung zunehmend nicht nur mit den klassischen betriebswirtschaftlichen Kennzahlen befassen und sich mit Aktienkursen sowie Gewinn auseinandersetzen muss, sondern dass es bei der Leitung eines Unternehmens auch darum geht, ob es in der Zukunft überhaupt noch Relevanz hat und überleben wird (Perry, 2019).

Mit der Frage des Überlebens (der Spezies) hat sich Charles Darwin vor über 100 Jahren befasst. Er setzte sich mit der Fragestellung auseinander, welche Tierarten am Ende (Überlebens-)Erfolg haben und weiterexistieren. Ihm zufolge setzen sich nicht die stärksten oder die intelligentesten Individuen durch, sondern diejenigen, die sich am schnellsten an Veränderungen anpassen. Dies gilt im übertragenen Sinn auch für Unternehmen, die sich in den dynamischen und disruptiven Zeiten an große technologische Veränderungen und damit einhergehende neue Kundenwunsche anpassen müssen. Führung wird dabei zum permanenten Anpassungs- und Veränderungsmanagement und Führungskräfte zu „Change- und Anpassungs-Managern".

Unter den vielen Herausforderungen für die Zukunftsfähigkeit und den Erfolg spielt die Innovationsexzellenz eine besondere Rolle. Firmen können in vielen unterschiedlichen Bereichen herausragend sein, beispielsweise weil sie ihre Prozesse gut im Griff haben, weil sie hohe Qualitätsstandards gewährleisten oder weil sie sehr effizient agieren (vgl. Abb. 2.2).

https://doi.org/10.1515/9783110562989-002

Abb. 2.1: Immer mehr Firmen werden in der Zukunft um ihr Überleben kämpfen müssen. Quelle: Eigene Darstellung, nach: Perry (2019).

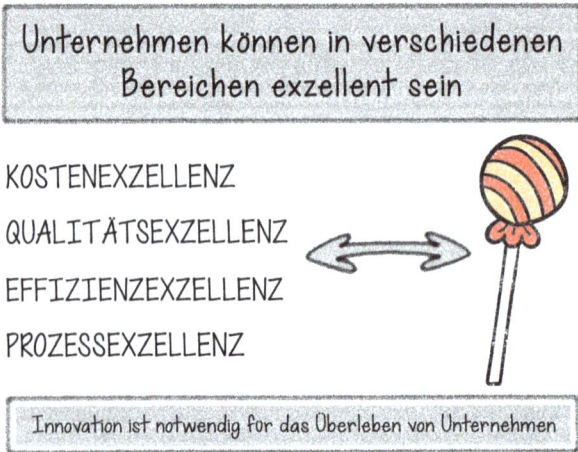

Abb. 2.2: Ohne Innovationsexzellenz kann kein Unternehmen nachhaltig bestehen. Quelle: Eigene Darstellung, nach Sattelberger (2017).

Dennoch reichen die genannten Dimensionen auf Dauer nicht aus, um die Zukunftsfähigkeit von Unternehmen sicherzustellen. Um in der Zukunft (weiter) relevant zu sein, braucht es vor allem *Innovations*exzellenz. Denn ohne sie können Führungskräfte bei einbrechenden Gewinnmargen nur versuchen, die Kosten noch weiter zu senken, die Qualität noch weiter zu verbessern und Prozesse noch effizienter zu gestalten, um so die letzten Effizienzreserven aus den Wertschöpfungsketten zu holen. Alle diese Möglichkeiten sind jedoch endlich, da irgendwann alle Reserven ausgeschöpft sind wie ein gelutschter Lolli, der irgendwann verbraucht ist.

Deswegen ist es für Unternehmen unabdingbar, Innovationen und insbesondere *Durchbruchs*innovationen zu präsentieren. Eine weitere Veränderungs- und Anpassungsleistung ist hinsichtlich eines Wechsels von linearen auf exponenzielle Organisationen zu erbringen, wie Salim Ismail, Michael Malone und Yuri van Geest sie in ihrem Buch „Exponential Organizations" beschreiben (2014).

Ismail und Kollegen zeigen das fundamentale Merkmal des neuen Paradigmas auf, den Wechsel von der linearen zu einer exponenziellen Organisation (vgl. Abb. 2.3). Ihnen zufolge kommen wir aus einer Welt der linearen Ordnung, in der man basierend auf den Daten der Vergangenheit gut in die Zukunft extrapolieren, also zukünftige Entwicklungen vorhersagen, kann. In der derzeitigen Welt der exponenziellen Entwicklung hingegen ist eine Extrapolation nicht mehr möglich. Das folgende Beispiel verdeutlicht den Unterschied zwischen linearem und exponenziellem Wachstum: Stellen wir uns einen Teich vor, in dem Seerosen wachsen. In der linearen Welt würde jede Nacht eine bestimmte feste Anzahl an Seerosen hinzukommen, der Bestand der Seerosen würde linear wachsen. Im Teich wachsen zunächst zwei Seerosen, dann kommen über Nacht zwei weitere dazu, dann werden es vier, dann kämen wieder zwei dazu usw. In der exponenziellen Welt würde sich über Nacht die Anzahl der Seerosen jeweils verdoppeln. Sind also zunächst zwei Seerosen vorhanden, werden es über Nacht vier, dann acht, dann sechszehn und zweiunddreißig... Diese anfangs eher langsame und noch überschaubare Entwicklung gewinnt zunehmend an Dynamik: Wenn der Seerosenteich bis zur Hälfte mit Seerosen gefüllt ist, braucht es nur noch *eine weitere Nacht*, bis seine gesamte Oberfläche plötzlich bedeckt ist.

Diese Art von exponenziellem Sprung, der neue Konkurrenten „über Nacht" hervorbringt, wird im Wirtschaftskontext als disruptiv erlebt.

Wir befinden uns in einem Zeitalter der exponenziellen Entwicklung, da wir uns vom Kondratieff-Zyklus des Maschinenbaus (mit linearem Wachstum) hin zum Kondratieff-Zyklus der Informationen (mit exponenziellem Wachstum) bewegt haben (vgl. Abb. 2.4). Die Kondratieff-Zyklen bilden die langwelligen Schwankungen der Weltwirtschaft ab, wobei in jedem Zyklus eine neue, tiefgreifende Veränderung dominant ist. Im Zyklus der Informationen prägen sowohl die verfügbaren Daten als auch die Informationstechnologie die Wirtschaft grundlegend. Diese

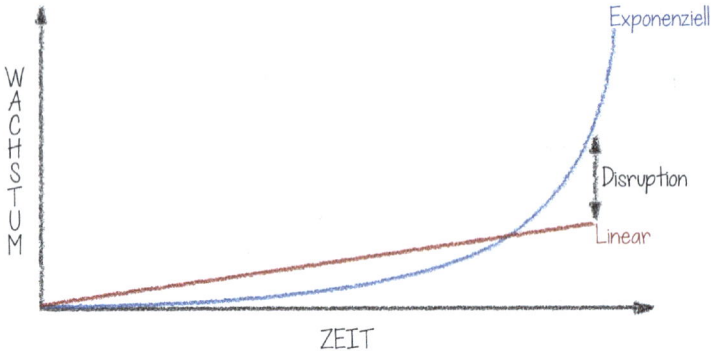

Exponenzielle vs. Klassische Organisationen

LINEAR VS. EXPONENZIELL

W A C H S T U M

ZEIT

Exponenziell

Disruption

Linear

- Exponenzielles Wachstum ist am Anfang fast unsichtbar

- Die exponenzielle Entwicklung wird durch Informationstechnologie begünstigt

- Vorhersagbares lineares Wachstum

- Zu Beginn übertrifft das traditionelle lineare Wachstum das exponenzielle Wachstum

KLASSISCHE ORGANISATIONEN MÜSSEN VERSTEHEN, SICH VORBEREITEN UND LETZTLICH EINE EXPONENZIELLE ORGANISATION WERDEN, UM NICHT DISRUPTIERT ZU WERDEN

Abb. 2.3: Exponenzielle vs. klassische Organisation.
Quelle: Darstellung nach: Ismail et al. (2014), Kotler (2015), Ramirez (2016).

Veränderung bedeutet, dass Unternehmen sich umgestalten müssen, denn wie Rose (2014, S. XIX) anmerkt: „Any organization designed for success in the 20th century is doomed to failure in the 21st century."

Für Führungskräfte bringen die Veränderungen von linearen hin zu exponenziellen Entwicklungen besondere Herausforderungen mit sich, da der Mensch evolutionär zwar gut darauf vorbereitet ist, lineare Entwicklungen zu erkennen und vorherzusagen, exponenzielle Entwicklungen ihm hingegen aber Probleme

Schaubild 1: Kondratieffzyklen – Wohlstand in langen Wellen.
Rollierende 10 Jahresrenditen des S&P 500 seit 1814 bis März 2009 (in %, p. a.)

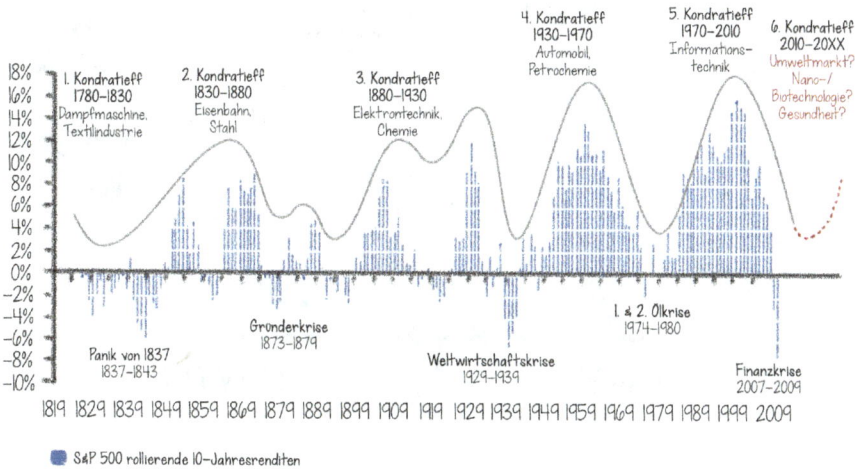

Keine Prognose für die Wertentwicklung einer Fondsanlage. Quelle: Datastream, Darstellung, Allianz Global Investors Kapitalmarktanalyse

Abb. 2.4: Technologien unterliegen Zyklen.
Quelle: Eigene Darstellung, nach: Allianz Global Investors (2010).

bereiten. Ein prominentes Beispiel zeigt dies: Das „Human Genome Project", das 1990 ins Leben gerufen wurde, hatte zum Ziel, das menschliche Genom innerhalb von 15 Jahren zu entschlüsseln.[4] Nach sieben Jahren war erst ein Prozent des Genoms untersucht. Experten rieten früh dazu, das Projekt einzustellen, weil es in der vorgesehenen Zeit und mit dem geplanten Budget nicht zu bewältigen wäre. Die Initiatoren setzten sich allerdings über die Zweifel hinweg und 2004 wurde das Projekt erfolgreich beendet. Sowohl der Zeitrahmen als auch das Budget wurden eingehalten, das Genom vollständig entschlüsselt.[5] Wie war das möglich? Die „Experten" hatten vergessen, die exponenzielle Entwicklung der Rechen- und Informationsverarbeitungsleistung einzukalkulieren, durch die jedes Jahr doppelt so viele Daten wie im Vorjahr verarbeitet werden konnten.[6]

---

4 https://www.nature.com/scitable/topicpage/dna-sequencing-technologies-key-to-the-human-828/ (abgerufen am 13.09.21).
5 http://www.russellsteinberg.com/blog/2014/11/27/ray-kurzweil-and-exponential-growth (abgerufen am 13.09.21).
6 ebd.

WARUM EXPONENZIELLE ORGANISATIONEN LINEARE ORGANISATIONEN SCHLAGEN

EIN ZIEL – ZWEI STRATEGIEN – ZWEI ERGEBNISSE

DEN MARKT FÜR MAPPING UND MOBILE & ONLINE-STANDORTINFORMATIONEN DOMINIEREN

Google   **NOKIA**

waze 😊

2013: Google hat Waze gekauft

Geschäftsmodell: Erfassen von Verkehrsinformationen durch die Verwendung von Daten, die von den Smartphones der Nutzer bereitgestellt werden –› wirksam gemachte Vermögenswerte

Mit der steigenden Anzahl von Smartphones:
- mehr Daten als installierte Sensoren liefern könnten
- bessere Genauigkeit
- keine Grenzkosten und geringe Upgrade-Kosten

NAVTEQ

2007: Nokia hat Navteq gekauft

Geschäftsmodell: Erfassen von Verkehrsinformationen durch den Einsatz von In-Road-Verkehrssensoren –› eigene Vermögenswerte

Mit dem Erfolg von Waze: Google Maps und den Vorteilen der informationsgestützten Technologie wurde das Geschäftsmodell von Navteq disruptiert.

Im Jahr 2015 erwirbt Microsoft Nokia für 7,2 Milliarden US-Dollar und damit 1 Milliarde US-Dollar weniger als der Preis von Navteq.

Abb. 2.5: Organisationsmodelle aus dem 20. Jahrhundert sind im 21. Jahrhundert wenig zielführend. Quelle: Darstellung nach: Ismail et al., 2014.

Erfolgreiche digitale Firmen, die digitalen Stars, haben diese fundamentalen Veränderungen erkannt und verstanden und organisieren sich entsprechend dieser neuen wirtschaftlichen Realität. Google zum Beispiel konnte sich durch exponenzielles Denken und Handeln in seinen Geschäftsmodellen im Gegensatz zu Nokia auf dem Markt der Kartierung durchsetzen (vgl. Abb. 2.5). Digitale Stars wählen andere Ansätze bei

- Geschäftsstrategien und -modellen
- der Formulierung ihrer Unternehmensvisionen und -missionen
- der Zusammensetzung ihrer Führungsgremien
- der Förderung von Innovation und Kreativität
- dem Setzen von Defaults, also dem Festlegen des Ausnahme- vs. Normalzustandes
- dem Recruiting und
- Führung und Teammanagement.

Davon können etablierte Unternehmen in Zeiten von Digitalisierung und Disruption lernen.

3 Strategie und Geschäftsmodelle

Die neuen Wettbewerbsbedingungen, die sich in der gesteigerten Komplexität, der Bedeutung von Informationen als Wettbewerbsfaktor und damit einhergehenden neuen Konkurrenten manifestieren, verändern erfolgsversprechende Strategien und Geschäftsmodelle. Digitale Stars wissen dies für ihren Erfolg zu nutzen. Während viele Jahrzehnte der Grundsatz galt, dass etablierte und große Unternehmen sich vor neuer Konkurrenz erfolgreich schützen konnten, gilt dies immer seltener. Eine starke Regulierung der eigenen Branche schützte in der Vergangenheit weitgehend vor neuen Wettbewerbern, die sich durch ein stark reguliertes Umfeld abschrecken ließen. Auch ein großer Kundenstamm sowie ein etablierter Markenname sicherten in der Vergangenheit die Marktposition gegenüber neuen Wettbewerbern. Im digitalen Zeitalter sehen wir jedoch, dass jene es verstehen, Regulierungen zu umgehen und sich zwischen die bisherigen Marktführer und deren Kund/-innen stellen. Aus den bisherigen Markbeherrschern werden nun oftmals Zulieferer. Ebenso erreichen (kleine) Unternehmen mit (wenig) Mitarbeitenden innerhalb kürzester Zeit Millionen Kund/-innen. TikTok wurde 2016 gelauncht und konnte innerhalb von nur vier Jahren 689 Millionen Nutzer generieren.[7] Alleine 2020 sind in den USA die Userzahlen um knapp 85 Prozent im Vergleich zum Vorjahr gestiegen.[8] Wir sehen auch, dass ein starker Markenname nicht (mehr) vor neuen Konkurrenten schützt. Über alle Branchen hinweg finden sich Beispiele dafür, dass neue Firmen entstehen und den etablierten in ihrem Bereich erfolgreich große Konkurrenz machen.

Beispielsweise besitzt das größte Taxiunternehmen der Welt,[9] Uber, keine eigenen Taxen. Noch vor zehn Jahren wäre es unmöglich gewesen, ohne den Besitz eigener Wagen etablierten Anbietern Konkurrenz zu machen.

Wir sehen aber, dass durch zwei Aspekte, nämlich die Entwicklung von großflächig verfügbarem Breitband-Internet und der Markteinführung von Smartphones im Jahr 2007, neue erfolgreiche Geschäftsmodelle möglich geworden sind. Auch in anderen Branchen können ähnliche Entwicklungen beobachtet werden. Airbnb besitzt zwar kein Grundeigentum, die Bewertung des Unternehmens in Hinblick auf die Marktkapitalisierung beträgt allerdings ein Vielfaches der der Hilton Hotelkette.[10] Darüber hinaus

---

7 https://www.oberlo.com/blog/tiktok-statistics (abgerufen am 15.09.21).

8 https://www.statista.com/statistics/1100842/tiktok-us-user-growth/ (abgerufen am 15.09.21).

9 https://www.manager-magazin.de/magazin/artikel/digitale-plattformen-die-naechste-runde-wird-auf-der-strasse-ausgetragen-a-1211063.html (abgerufen am 19.01.2022).

10 https://finance.yahoo.com/news/airbnb-now-worth-more-hilton-174008383.html?guccounter=1&guce_referrer=aHR0cHM6Ly93d3cuZ29vZ2xlLmNvbVS8&guce_referrer_sig=AQAAAEbMm8vN3f7GW4TPwgsjMsVQ0VSjs3ka33U0vG9bfNZp_OgFa98V3KYhhDRBdIg2WKv5zIaYwVEN-GKcD7uqg

https://doi.org/10.1515/9783110562989-003

vermittelt die Plattform mehr Übernachtungen als die großen Hotelketten.[11] Die größten Internet-Kommunikationsfirmen, Skype und WeChat, verfügen über keine eigene Infrastruktur, einer der wertvollsten Einzelhändler der Welt, Alibaba, hat keine Lagerbestände und der Medienkonzern, Facebook, schafft keine eigenen Inhalte. Ebensowenig besitzt der Filmgigant Netflix eigene Kinos, noch programmieren Apple und Google eigene Apps in großer Anzahl.[12]

Diese Konkurrenten etablierter Unternehmen, die in allen Branchen zu finden sind, werden als äußerst disruptiv erlebt und gehen in allen Sektoren nach einem ähnlichen Muster vor: Sie schieben sich zwischen den bisherigen Marktführer und seine Kund/-innen – dabei konkurrieren sie nicht um die beste Technologie, sondern um die „Poleposition" bei den Kund/-innen. Auffallend ist, dass diese neuen Organisationen mit ihren digitalen Geschäftsmodellen besonders „asset-light" sind, das heißt, dass sie weniger fest angestellte Mitarbeiter/-innen und Anlagevermögen aufweisen. Die bisherigen Marktführer existieren nach der Disruption der eigenen Industrie durchaus weiter, jedoch nehmen sie nun die Rolle der Zulieferer für die neuen Konkurrenten ein. Dadurch ist das langfristige Überleben dieser Firmen gefährdet (vgl. Abb. 3.1).

Der Erfolg der digitalen Stars ist mit der Anpassung an die neuen Erfolgsfaktoren verbunden. Erstens liegt der Fokus auf dem Kundenerlebnis, dass nämlich versucht wird, den Kund/-innen alle Wünsche, Bedürfnisse und Problempunkte „von den Augen abzulesen" und zu erfüllen. Diese Einstellung kann so beschrieben werden: „Was brauchst du? Ich möchte es dir geben, wann und wo du es brauchst und lass es meine Sorge sein, wie du die Lösung zu deinem Problem bekommst."

Zweitens gehen digitale Stars neue Wege in der Arbeitsorganisation. Prozesse, die standardisierbar und automatisierbar sind, werden möglichst nicht mehr von Menschen erledigt, sondern beispielsweise von Algorithmen oder Chatbots. Dies erhöht zum einen die Qualität, andererseits senkt es die Kosten und schafft Zeit, Raum und Kapazität für kreative Prozesse, die keine Routinetätigkeiten sind und die für Innovation wichtig sind.

Pod9xgOMBLxVaNHwB91RCNv8M0CL4CRwDWOIoLux_YUrwPUeaPrWPKeMTyPAFQb9GrlL1AY
Ka9dY2yDDp8pC7Jz (abgerufen am 10.09.21).
11 https://www.handelsblatt.com/unternehmen/dienstleister/unterkunftsvermittler-airbnb-ver
mittelt-mehr-uebernachtung-als-die-fuenf-groessten-hotelketten/20995968-2.html?ticket=ST-
3571441-OJIdlcgChBCp5HDBwhiE-ap3 (abgerufen am 19.01.2022).
12 https://finance.yahoo.com/news/airbnb-now-worth-more-hilton-174008383.html?guccounter=
1&guce_referrer=aHR0cHM6Ly93d3cuZ29vZ2xlLmNvbS8&guce_referrer_sig=AQAAAEbMm8vN3
f7GW4TPwgsjMsVQ0VSjs3ka33U0vG9bfNZp_OgFa98V3KYhhDRBdIg2WKv5zIaYwVEN-GKcD7uqg
Pod9xgOMBLxVaNHwB91RCNv8M0CL4CRwDWOIoLux_YUrwPUeaPrWPKeMTyPAFQb9GrlL1AY
Ka9dY2yDDp8pC7Jz (abgerufen am 10.09.21).

Abb. 3.1: Die Mehrzahl der Dax-Unternehmen von 1987 ist im Jahr 2020 nicht mehr Teil des Index. Quelle: Eigene Darstellung, nach: Gonschior, Welpe, Strobel (2020).

Drittens erschaffen digitale Stars exponenzielle Geschäftsmodelle. Darunter versteht man die Entwicklung einer neuen, alternativen Art und Weise, die Wertschöpfungskette, Arbeit und Zusammenarbeit zu organisieren. Auffallend ist auch, dass sie nicht die Erfolgsgeheimnisse der aufstrebendsten und disruptivsten Unternehmen zu reproduzieren versuchen. Weder sind sie Technologieführer noch konkurrieren sie mit der derzeit besten Technologie. An diese Vorgehensweisen müssen sich etablierte Unternehmen anpassen, um ihren Erfolg halten zu können (vgl. Abb. 3.2).

Weitere Erfolgsfaktoren der digitalen Stars liegen in Führung durch Vertrauen und Selbstführung von Mitarbeitenden (siehe Kapitel 10).

Der Mit-Gründer von Affirm, Max Levchin, erläuterte auf einer Konferenz 2015 die Strategie seines Fintech-Startup, die stellvertretend für viele digitale Stars steht.[13] Affirm richtet sich vor allem an junge Menschen wie Studierende und bietet ihnen Kredite an. Per Smartphone können die Kund/-innen den gewünschten Kreditbetrag sowie die Konditionen auswählen. Dazu sind nur wenige Informationen

---

13 https://www.youtube.com/watch?v=_RlkuabBS_s (abgerufen am 13.09.21).

Abb. 3.2: Im Zuge der Digitalisierung entstehen neue Erfolgsfaktoren, die Unternehmen beachten müssen.
Quelle: Eigene Darstellung.

wie beispielsweise Name, Telefonnummer oder Email notwendig. Wenn der Algorithmus von Affirm nicht einschätzen kann, ob und zu welchen Bedingungen es sich für das Unternehmen lohnt, einen Kredit an diese Person zu vergeben, sagt Affirm nicht „Nein", „Gib uns mehr Sicherheiten" oder „Geh zu einer anderen Bank", sondern verlangt: „Gib uns mehr Daten." Das kann beispielsweise das LinkedIn-Profil sein, das ggf. erlaubt, die Karrieresituation besser beurteilen zu können. Diese Vorgehensweise ist gewissermaßen eine Win-Win-Situation, da sowohl die Kund/-innen als auch Affirm prinzipiell daran interessiert sind, einen Kreditvertrag einzugehen. Weitere Daten tragen zu einem besseren Prognosemodell bei, womit verhindert werden kann, dass Affirm ein für sich nachteiliges Geschäft eingeht.

Beantragung und Abwicklung dieses Kredits finden ausschließlich über Algorithmen am Mobiltelefon statt, wodurch Kundenberater überflüssig werden. Was passiert, wenn sich Affirm und Kund/-in einig geworden sind? Befasst sich ein so junges und dynamisches Technologie-Startup mit Regulierung und Bankenaufsicht? Nein – Affirm hat keine Banklizenz und setzt sich daher nicht mit den engen regulatorischen Vorschriften auseinander. Nach der Einigung wird die Transaktion von einer anderen Bank abgewickelt.[14] Die traditionelle Bank gibt es also noch, allerdings ist sie jetzt Zulieferer geworden und hat keinen direkten Kontakt mehr zu den Kund/-innen. Daraus lässt sich schließen, dass auch Banken mit disruptiven Geschäftsmodellen konfrontiert werden (vgl. Abb. 3.3).

Auf ähnliche Art und Weise gehen auch andere digitale Stars vor, um Kund/-innen bessere Angebote zu machen. So wird es zum Beispiel im Bereich der Mobilität kaum Unternehmen geben, die Schienen oder Bahnnetze in Ländern nachbauen, also neue Infrastruktur schaffen. In Zukunft könnten sich jedoch Unternehmen zwischen das etablierte Bahnunternehmen und die Kund/-innen schieben, und die Aufgabe übernehmen, zu bestimmen, wann und wo welche Züge bereitzustellen sind.

Überall, wo Kund/-innen noch Wünsche haben oder Schwierigkeiten begegnen (sogenannte Pain Points), liegen auch die zukünftigen Margen, Cashflows und Umsätze. Digitale Stars haben dies verstanden, wie z. B. Uber, die ihren Kund/-innen gegen einen Aufpreis den Service „Uber Quiet" anbieten, in diesen Wagen läuft kein Radio und die Fahrer/-innen verzichten auf Konversation (vgl. Abb. 3.4).

Insgesamt ist im Bereich neuer Strategien und neuer Geschäftsmodelle laut Tom Malone vom MIT festzustellen, dass „einige der wichtigsten Innovationen eben nicht durch neue Technologien entstehen, sondern durch andere Arten, die Zusammenarbeit, Arbeit und Wertschöpfung (...) organisieren."[15]

Damit einhergehend sehen wir derzeit eine Verschiebung des entscheidenden Erfolgsfaktors weg vom „besten Produkt", der „besten Technologie" oder dem „günstigsten Angebot" hin zu einer für jeden individuellen Nutzer passenden Lösung. Dafür müssen jedoch präzise die Bedürfnisse der Kund/-innen in Erfahrung gebracht und in den Vordergrund gerückt werden (vgl. Abb. 3.5).

Eigentlich wollen Menschen gar keine Produkte kaufen wie z. B. eine Glühlampe. Denn es ist mühsam, herauszufinden, welche die richtige Glühlampe mit der passenden Fassung und Lichtstärke ist. Für Kund/-innen sind Unternehmen at-

---

14 https://helpcenter.affirm.com/s/article/our-partners (abgerufen am 13.09.21).
15 https://ross.typepad.com/blog/2005/06/ctc_keynote_tho.html (abgerufen am 26.09.21, Übersetzung von den Autor/-innen).

Abb. 3.3: Neue Wettbewerber drängen sich zwischen Unternehmen und Kund/-innen.
Quelle: Eigene Darstellung, nach: The Millenial Disruption Index (2013).

traktiv(-er), die ihnen versprechen, zu Hause Licht zu haben, anstatt ihnen eine Glühlampe zu verkaufen. In ähnlicher Weise ist vorstellbar, dass Menschen sich zukünftig von einer Automarke abwenden hin zu Anbietern, die statt eines Autos einer bestimmten Marke – also einem Produkt – eine individuelle Mobilitäts-Lösung versprechen. Es könnte für Kund/-innen attraktiv(-er) sein, auf dem eigenen Smartphone per Knopfdruck ein Fahrzeug kommen zu lassen, das einen an jedem beliebigen Ort abholt, als tatsächlich ein eigenes Auto zu besitzen. In solch einem Szenario wäre es dann auch relativ egal, ob es sich dabei um einen Merce-des, BMW, Toyota oder Tesla handelt. Es geht um die individuelle Mobilität, denn auch beim Fliegen wird in der Regel nicht darauf geachtet, ob man mit einem Air-

Abb. 3.4: Neue Wettbewerber drängen sich zwischen Unternehmen und Kund/-innen.
Quelle: Eigene Darstellung, nach: https://www.hotcars.com/the-15-worst-mistakes-uber-drivers-and-passengers-make/ (abgerufen am 19.01.2022).

bus oder einer Boeing fliegt. Physische Produkte werden so zunehmend eine Plattform für oftmals digital vermittelte, individuell zugeschnittene Lösungen.

Digitale Stars fokussieren sich auf sogenannte Smart Services, also Angebote zur Lösung individueller Probleme der Nutzer, was durch die Verbreitung von Smartphones und Breitband-Internet erst ermöglicht wurde. Die neue Erfolgsformel für Unternehmen in Bezug auf die Angebote an ihre Kund/-innen lautet also: „What you need is what you get when and where you need it." Digitale Stars sind aufgrund ihrer Agilität und Unternehmensorganisation meist besser als traditionelle Firmen in der Lage, individuelle Lösungen anzubieten, die viel attraktiver als die beste „One-Size-fits-All"-Lösung sind. Abbildung 3.6 zeigt in blauen Linien die Pizzalieferungen an einem Freitagabend in New York,[16] wo eben genau das Prinzip gilt: Die Kund/-innen bekommen per Klick die gewünschte Pizza, zur gewünschten Zeit an den gewünschten Ort.[17]

---

16 https://www.kdnuggets.com/2012/09/the-human-face-big-data-rick-smolan-photography-pro ject.html (abgerufen am 19.01.2022).
17 https://www.kdnuggets.com/2012/09/the-human-face-big-data-rick-smolan-photography-pro ject.html (abgerufen am 19.01.2022).

I. KENNE DIE SCHMERZPUNKTE DER ANWENDER UND KUNDEN

2. HIER LIEGEN DIE MARGEN UND DAS GELD.

3. NIEMAND WILL EIN EINZELNES PRODUKT/EINE
EINZELNE DIENSTLEISTUNG KAUFEN

WIR ALLE ZAHLEN GERNE(!)
FÜR MAßGESCHNEIDERTE LÖSUNGEN

Abb. 3.5: Das Lösen individueller Probleme von Kund/-innen bringt die Cashflows von heute und morgen.
Quelle: Eigene Darstellung.

Der Schlüssel zu erfolgreicher digitaler Transformation mit individuellen Lösungen für Kund/-innen liegt in individuellen Lösungen (vgl. Abb. 3.7).

ALTER ERFOLGSFAKTOR:
DIE BESTE PIZZA

NEUER ERFOLGSFAKTOR:
WAS NUTZER BRAUCHEN, WANN UND WO SIE ES BRAUCHEN

Abb. 3.6: Breitbandinternet und Smartphone-Besitz ermöglichen es, zu wissen, was, wann und wo Kund/-innen wollen.
Quelle: Eigene Darstellung, nach: Erwitt Jennifer, Smolan Rick (2012).

TAKEAWAY:

Erfolgreiche digitale Transformation
erfordert vor allem Innovation
in der Arbeit und im Miteinander

Hierachie ——→ Teams
Unternehmen ——→ Netzwerk
Vertikale ——→ Horizontale Lenkung

Abb. 3.7: Arbeits- und Organisationsinnovation sind zentral für den Erfolg digitaler Transformation.
Quelle: Eigene Darstellung.

4 Vision und Mission

Vision und Mission sind zentrale Elemente des strategischen Managements und beschreiben, welche Grundsätze, Ziele und Prinzipien die Unternehmensführung leiten. Die Vision eines Unternehmens beschreibt, welche attraktiven Ziele das Unternehmen langfristig erreichen möchte. Beispielsweise ist die Vision von Zappos „Delivering happiness to customers, employees, and vendors" – also Kund/-innen, Mitarbeiter/-innen und Lieferant/-innen glücklich zu machen.[18] Die Mission eines Unternehmens legt dar, warum ein Unternehmen existiert und was sein Zweck ist. Beispielsweise lautet die Mission der US-Supermarktkette Target wie folgt: „Our mission is to make Target your preferred shopping destination in all channels by delivering outstanding value, continuous innovation and exceptional guest experiences by consistently fulfilling our Expect More. Pay Less. Brand Promise." – Für Kundschaft wahren Wert zu schaffen und sich stets innovativ weiterzuentwickeln steht hier im Fokus.[19]

In der Praxis verschwimmen Vision und Mission häufig. Manche Unternehmen definieren explizit beides. Andere fokussieren sich hingegen eher auf die Vision (z. B. die Vision des Gasunternehmens Linde: „To be the best performing global industrial gases and engineering company, where our people deliver innovative and sustainable solutions for our customers in a connected world."[20]), wohingegen andere Unternehmen eher auf eine Mission in ihrer Unternehmenskommunikation Wert legen. Zum Beispiel lautet die Mission des Medienunternehmens Time Warner Cable: „[...] Customer Focus – We value our customers putting their needs and interests at the center of everything we do. Agility – We move quickly embracing change and seizing new opportunities. Teamwork – We treat one another with respect – creating value by working together within and across our businesses. [...] Diversity – We attract and develop the world's best talent seeking to include the broadest range of people and perspectives."[21]

Visionen und Missionen erfüllen für viele Unternehmen in der Praxis einen ähnlichen Zweck, daher betrachten wir in diesem Kapitel sowohl Missionen als auch Visionen von Unternehmen. Missionen bzw. Visionen zeigen eine Reihe von Vorteilen, die in der wissenschaftlichen Literatur immer wieder belegt werden.[22]

---

18 https://www.zappos.com/about/what-we-live-by (abgerufen am 1.10.21).
19 https://mission-statement.com/target/ (abgerufen am 1.10.21).
20 https://www.linde.com/about-linde/vision-mission-values (abgerufen am 1.10.21).
21 https://www.examplesof.com/mission-statements/Time-Warner-Cable.html (abgerufen am 1.10.21).
22 https://www.examplesof.com/mission-statements/Time-Warner-Cable.html (abgerufen am 1.10.21).

https://doi.org/10.1515/9783110562989-004

In einer großen Meta-Analyse[23] aus dem Jahr 2011 fassen Desmidt und Kollegen vier übergreifende Vorteile von Missionen bzw. Visionen zusammen:

1. Missionen und Visionen können ein Gefühl für die Ausrichtung und den Existenzzweck der Organisation vermitteln. So dienen sie häufig als Ausgangspunkt von strategischen Initiativen, bei denen sie durch eine präzise Definition des Zwecks der Organisation dabei helfen, realistische und kohärente Ziele zu formulieren und zwischen alternativen Strategien zu wählen.

2. Missionen und Visionen helfen dabei, organisationale Ressourcen zu verteilen. Durch ihren übergreifenden Charakter, der über Individuen, Team- und Abteilungsgrenzen hinweg ein verbindendes Verständnis der Ausrichtung schafft, kann somit ein strategischer Rahmen geschaffen werden, der die Entscheidungsfindung in Unternehmen erleichtert.

3. Sie tragen zur effektiven Kommunikation mit internen und externen Stakeholdern bei. Durch eine klare und pointierte Darstellung der Ziele der Organisation können wichtige interne und externe Stakeholder überzeugt werden, dem Unternehmen tangible (z. B. finanzielle Mittel) oder intangible (z. B. innovative Ideen) Ressourcen zur Verfügung zu stellen.

4. Schließlich helfen Missionen und Visionen dabei, die Werte einer Organisation zu beschreiben, um die Mitarbeitenden zu leiten und zu inspirieren. Die pointierten Aussagen dienen somit als „verbale Essenz", die eine Identifikation des Individuums mit der Organisation ermöglicht. Diese so entstehende geteilte Mission und Vision zwischen den Organisationsmitgliedern sind kultureller Ankerpunkt sowie „Leitplanke". Durch diesen Koordinationsmechanismus werden die Aktivitäten der Organisationsmitglieder auf das strategische Ziel des Unternehmens hin fokussiert.

Wie oben dargstetellt, nehmen Mission und Vision auf den Unternehmenserfolg positiven Einfluss – allerdings indirekt. Vielmehr wirken sie auf andere Elemente der Organisationsgestaltung wie beispielsweise auf die Einstellungen und das Verhalten der Organisationsmitglieder, was schließlich den Unternehmenserfolg beeinflusst. Wie geschieht dies konkret? Als Prozess lässt sich der Effekt von Missionen anhand eines Modells, das von Braun und Kollegen (2012) auf Grundlage einer umfassenden Literaturzusammenschau entwickelt wurde, darstellen. Das 5-Schritt-Modell beruht auf vorheriger Forschung von Bart und Kollegen aus dem Jahr 2001 und wurde entsprechend adaptiert (vgl. Abb. 4.1):

---

23 d. h. eine umfassende Studie, die empirischen Studien zu einem bestimmten Thema sammelt und quantitativ aggregierte Ergebnisse ermittelt mit dem Zweck, den „wahren" mittleren Zusammenhang zwischen Variablen zu finden.

① Etablieren des zugrunde liegenden Prinzips der Mission

(z.B. strategische Leitlinie, zukünftige Ausrichtung)

↓

② Entwicklung und Implementierung

(z.B. Kommunikationsstrategie, Einbezug von Mitarbeitenden)

↓

③ Inhalt und Form

(z.B. Klarheit, Lesbarkeit)

↓

④ Individuelle Einstellungen der Organisationsmitglieder

(z.B. emotionale Bindung an die Mission, Zufriedenheit mit der Mission seitens der Mitarbeitenden)

↓

⑤ Organisationale Ergebnisse

(z.B. Unternehmenserfolg, individuelles und kollektives Verhalten der Organisationsmitglieder)

Abb. 4.1: Die Rolle von Mission-Statements für Organisationserfolg.
Quelle: Eigene Darstellung, nach: Braun et al. (2012).

Bei Betrachtung des Modells zeigt sich, dass die erfolgreiche Übersetzung der Mission in Unternehmenserfolg nur dann gelingen kann, wenn die Einstellungen und das Verhalten der Organisationsmitglieder auf das Ziel gelenkt werden. Organisationsmitglieder über eine Mission zu erreichen ist jedoch keine leichte Aufgabe und der Einsatz von Visionen und Missionen in der strategischen Unternehmensführung steht daher häufig in der Kritik. Skeptiker bemängeln beispielsweise, dass die beschriebenen Vorteile in der Praxis nicht problemlos realisiert werden können. Einer US amerikanischen Studie zufolge waren unter den untersuchten 88 führenden US-Großunternehmen nur 8 Prozent der befragten Führungskräfte hinsichtlich der Klarheit für die Organisationsmitglieder mit ihrer Mission zufrieden und nur 28 Prozent stellten fest, signifikante Fortschritte bei der Erfüllung ihrer Missionen zu erzielen. In einer weiteren Studie in Belgien wurde herausgefunden, Führungskräfte hätten den Eindruck, dass die Missionen nur wenig Einfluss auf das tägliche Verhalten der Mitarbeitenden habe und Mitarbeitende in der Praxis kaum Identifikation mit der Mission aufwiesen (Desmidt et al., 2011).

Missionen und Visionen wird vorgeworfen, reinen „Hochglanzbroschüre-Charakter" zu haben, also lediglich hübsche Worthülsen darzustellen, die in der Realität von der Organisation und den Mitarbeitenden jedoch nicht umgesetzt werden. Zudem lautet eine häufige Kritik, dass sich Missionen und Visionen zwischen den Unternehmen kaum unterscheiden. So zeigt sich in einer Analyse der TU München (Schwinger, 2016), dass in einer Stichprobe von deutschen und internationalen Großkonzernen sowie digitalen Stars die meisten Visionen und Missionen die Themenfelder Kund/-innen, Produkte, Dienstleistungen und Märkte adressieren. Häufig wird dabei erwähnt, man wolle Kundenwünsche erfüllen (z. B. nutzt die US-amerikanische Bank Wells Fargo den folgenden Satz als Vision: „We want to satisfy our customers' financial needs and help them succeed financially"[24]). Diese Vision trifft wahrscheinlich auf die meisten Banken zu – und sie würde vielleicht sogar für viele Versicherungen zutreffen. Die Deutsche Bank formuliert in ähnlicher Weise: „We aspire to be the leading client-centric global universal bank."[25] Manchmal ist der Anspruch auch so allgemein und umfassend, dass sich das Unternehmen dahinter kaum erraten lässt: „Our purpose goes beyond what we sell. We're using our reach to be a positive force. For our customers. Our people. Our communities. Our world."[26]

Diese Sätze stammen aus der ehemaligen Vision des US-Fastfood-Restaurants McDonald's. Hier ist jedoch kaum erkennbar, welchen Wert dieses Unternehmen konkret schafft und auch eine Differenzierung hinsichtlich der Positionierung des Unternehmens gegenüber Wettbewerbern ist unklar. Auch ist fraglich, ob Mitarbeitende sich mit dieser Vision identifizieren können, da sie generisch wirkt. Als ein letztes Beispiel sei genannt: „People working together as a global enterprise for aerospace industry leadership."[27] Diese Vision gehört zum US-Luftfahrtunternehmen Boeing. Auch hier zeigt sich ein wenig inspirierender Charakter und eine kaum differenzierende oder motivierende Positionierung.

Visionen und Missionen sind, wie beispielhaft aufgezeigt, häufig generisch und könnten auf viele Unternehmen zutreffen. Somit haben die Aussagen wenig distinktiven Charakter, d. h. sie unterscheiden das betreffende Unternehmen nur geringfügig von den Wettbewerbern. Eine differenzierte Mission bzw. Vision ist jedoch entscheidend, um sich sowohl intern gegenüber den Mitarbeitenden als auch extern gegenüber anderen Stakeholdern (z. B. Analysten, Politik, Öffentlichkeit) erfolgreich zu positionieren.

24 https://www.wellsfargojobs.com/about-us (abgerufen am 1.10.21).
25 https://annuityeducator.com/forms/guggenheim-life/Deutshe-Bank-Overview.pdf (abgerufen am 1.10.21).
26 https://www.inc.com/steve-cody/how-to-create-the-right-purpose-for-your-business.html (abgerufen am 1.10.21).
27 https://www.boeing.com/news/frontiers/archive/2005/february/cover.html (1.10.21).

Zudem stellt sich in Bezug auf die Mitarbeitenden die Frage, ob solche generischen Visionen und Missionen tatsächlich für den Arbeitsalltag motivierend sind. Wissenschaftler des Lehrstuhls für Psychologie der TU München haben in mehreren Studien gezeigt, dass Unternehmensvisionen grundsätzlich tatsächlich motivierend wirken können (Strasser et al., 2011). Dies ist vor allem dann der Fall, wenn man sich die Visionen realistisch bildlich vorstellen kann. Andererseits, so die Ergebnisse der Forschergruppe, entfalten abstrakte Visionen, die man sich schwer bildlich vorstellen kann, diese motivierende Wirkung kaum. Ein Beispiel hierfür wäre: „Bei Ikea ist es unsere Vision, den vielen Menschen einen besseren Alltag zu schaffen."[28] Auch hier bleibt unklar: Was bedeutet „besser" konkret? Wer sind „die vielen Menschen"? Diese abstrakten Begriffe sind recht schwer vorstellbar und bleiben daher meist nicht viel mehr als austauschbare Worthülsen sowohl in der Wahrnehmung der Mitarbeitenden als auch in der Öffentlichkeit, etwa andere Stakeholder wie Kund/-innen oder Politik.

Während traditionelle Unternehmen oft generische Missionen und Visionen formulieren, verfolgen viele der digitalen Stars häufig recht ambitionierte, konkrete Missionen und Visionen. Welche sind das und welche Eigenschaften weisen sie auf? Einige der digitalen Stars – allen voran Google bzw. der Mutterkonzern Alphabet – verfolgen hochambitionierte Projekte und entsprechend ehrgeizig sind deren Visionen. Die Unternehmensstrategien vieler digitaler Stars sind daher davon geprägt, dass ihre Mission und Vision grundsätzlich einen sogenannten „massive transformative purpose" enthält im Gegensatz zu „einfachen" oder generischen Visionen und Missionen.

Der Aspekt des „massive transformative purpose" wird von Ismail und Kollegen (2014) beschrieben. In ihrer Analyse der einhundert am schnellsten wachsenden Organisationen stellten sie fest, dass praktisch jede der analysierten Organisationen einen solchen „massive transformative purpose" aufwies. Was kann man sich konkret darunter vorstellen? Beispielsweise lautet die Vision des Unternehmens Calico (inzwischen eine Tochter der Google-Dachgesellschaft Alphabet) simpel, aber ambitioniert „To cure death".[29] Diese Aussage kann man sicherlich als geeignet betrachten, um die besten Biotechnologie-Forschenden, Mediziner, Ingenieur/-innen und weitere hochqualifizierte Talente anzuziehen und für die Arbeit im Unternehmen zu begeistern.

Denn der Erfolg aller Unternehmen, und gerade solcher wie der digitalen Stars, hängt – vereinfacht gesagt – davon ab, ob sie die richtigen Mitarbeitenden

---

28 https://www.ikea.com/de/de/this-is-ikea/about-us/vision-geschaeftsidee-ikea-pub9cd02291 (abgerufen am 1.10.21).
29 https://www.businessinsider.com/google-is-launching-a-company-that-hopes-to-cure-death-2013-9 (abgerufen am 1.10.21).

für das Unternehmen gewinnen, sie für die Arbeit im Unternehmen motivieren und langfristig halten können. Da die digitalen Stars vor allem auf Wissensarbeitende angewiesen sind, die sich zwischen vielen Unternehmen entscheiden können oder gegebenenfalls ihre eigene Firma gründen, ist eine erfolgreiche Mitarbeitergewinnungs- und -bindungsstrategie für sie umso entscheidender. Durch die Fokussierung der Missionen bzw. Visionen der digitalen Stars auf relevante große Probleme der Menschheit und die darauf bezogene, auf die Zukunft gerichtete Wertschöpfung, können digitale Stars hochqualifizierten Talente ansprechen.

Abbildung 4.2 zeigt beispielhaft einige Missionen bzw. Visionen, die durch einen „massive transformative purpose" charakterisiert sind und stellt sie einigen „herkömmlichen" Missionen bzw. Visionen gegenüber.

Vergleicht man die Vision von Calico „To cure death" mit einigen der oben beschriebenen Visionen, stellt man schnell fest, dass sie sich im Anspruch und in der Reichweite stark unterscheiden. Die ambitionierte Vision den Tod zu „heilen", also die „Krankheit" Tod zu besiegen, kann sicherlich für viele hochqualifizierte Mitarbeitende stark motivierend wirken. Denn das Ziel und der Anspruch sind inhaltlich und nicht rein finanziell getrieben und menschlich bedeutsam. Diese Mission steht in jedem Fall diametral solchen, im Vergleich profan wirkenden, Zielen entgegen wie „die beste Bank zu sein", „der beste Arzneimittelhersteller zu sein" oder auch „den besten Kundenservice zu haben".

Ähnlich ist es bei Google, dessen Mission folgendermaßen formuliert ist: „Die Informationen dieser Welt organisieren und allgemein zugänglich und nutzbar machen."[30] Auch hier sehen wir eine stark inhaltlich getriebene Mission, also ein Zweck, dessen Sinnhaftigkeit sich auf den ersten Blick erschließt. Hierbei kann man annehmen, dass sicherlich viele Mitarbeitende sich denken: „Für diese Mission stehe ich gerne morgens auf." Darüber hinaus dürften sich vor allem auch hochqualifizierte Talente von solchen Visionen eher angesprochen fühlen als von auf Hochglanz polierten, aber nichtssagenden Versionen. Gerade in der heutigen Zeit legen Talente Wert auf eine sinnvolle und sinnstiftende Tätigkeit, die anderen Menschen hilft oder die Welt voranbringt. In diesem Sinn zeigt die aktuelle empirische Forschung zur Arbeitgeberattraktivität, -image und der -markenbildung („Employer Branding") konsistent, dass Organisationen, die als sozial verantwortlich wahrgenommen werden („Corporate Social Responsibility"), in den Augen von potenziellen Bewerber/-innen, Mitarbeiter/-innen, Konsument/-innen und der generellen Öffentlichkeit positiv bewertet werden (Lievens & Slaughter, 2016). Obwohl sich Mission bzw. Vision von einem grundsätzlichen Corporate-Social-Responsibility-Ansatz oder einem entsprechenden formalen Programm unterscheiden, belegen die Studien

---

30 https://about.google/intl/de/ (abgerufen am 1.10.21).

BEISPIELE FÜR MISSIONEN/VISIONEN MIT EINEM „MASSIVE TRANSFORMATIVE PURPOSE"	BEISPIELE FÜR „HERKÖMMLICHE" MISSIONEN/VISIONEN
TED: „Ideen, die es wert sind, verbreitet zu werden."	ExxonMobil: „Die Exxon Mobil Corporation hat sich dem Ziel verschrieben, das weltweit führende Erdöl- und Petrochemieunternehmen zu sein. Um dies zu erreichen, müssen wir kontinuierlich hervorragende finanzielle und operative Ergebnisse erzielen und gleichzeitig hohe ethische Standards einhalten."
Google: „Organisation der Informationen der Welt".	Wells Fargo: „Wir wollen die finanziellen Bedürfnisse unserer Kunden erfüllen und ihnen zu finanziellem Erfolg verhelfen."
X Prize Foundation: „Radikale Durchbrüche zum Wohle der Menschheit herbeiführen."	UPS: „Wir ermöglichen den globalen Handel."
Tesla: „Beschleunigung des Übergang zu nachhaltigem Transport."	Walgreens Boots Alliance: „Die erste Wahl für Pharmazie, Wohlbefinden und Schönheit sein— und für Menschen und Gemeinschaften auf der ganzen Welt sorgen."
SpaceX: „Der Mensch muss eine multi-planetarische Spezies werden."	Boeing: „Menschen, die als globales Unternehmen für die Führungsposition in der Luft- und Raumfahrtindustrie zusammenarbeiten."

Abb. 4.2: Innovative Unternehmen zeichnen sich auch durch transformative Mission-Statements aus. Quelle: Eigene Darstellung, eigene Recherche, nach: https://dawidnaude.com[31] https://singularityhub.com[32].

---

31 TED: „Ideas worth spreading."; **Google:** „Organize the world's information."; **X Prize Foundation:** „Bring about radical breakthroughs for the benefit of humanity."; **Tesla:** „Accelerate the transition to sustainable transportation."; **SpaceX:** „**Humans must become a multi-planetary species**"; **Github**: „Social Coding"; **Quirky:** „Make Invention Accessible"; **Singularity University**: „To positively impact the lives of a billion people or more"; **Uber:** „The best way to get wherever you're going"; **Pinterest**: „The world's catalogue of ideas"; https://dawidnaude.com/a-list-of-massive-transformative-purposes-or-purposii-purpii-16859dff64c5 (abgerufen am 19.01.2022).
32 https://singularityhub.com/2016/11/08/the-motivating-power-of-a-massive-transformative-purpose/#sm.0000fdqc9924derjqzi18tkf7k38j (abgerufen am 19.01.2022).

dennoch, wie grundsätzlich positiv sich eine sozial verantwortliche Unternehmens-führung auf die Wahrnehmung als attraktiver Arbeitgeber auswirkt. So beschreiben die Management-Forscher Lievens und Slaughter (2016) in ihrer Literaturzusammen-schau zum Thema Arbeitgeberattraktivität und -image eine Studie von Jones und Kollegen aus dem Jahr 2014. Sie testeten Dimensionen von „Corporate Social Respon-sibility" in Hinblick auf ihre Wirkung auf potenzielle Bewerber/-innen. Es handelte sich zum einen um die Dimension „Der Community etwas zurückgeben" („giving back to the community") und zum anderen um die Dimension „Umweltfreundliche Praktiken" („proenvironment practices"). Es zeigte sich, dass potenzielle Bewerber/-innen sich von Unternehmen, die eine der beiden Dimensionen aufwiesen, eine bessere Behandlung als Mitarbeitende erwarteten. Überdies antizipierten sie auch, stolz auf ihre Mitarbeit in dieser Organisation zu sein. Diese Ergebnisse zei-gen beispielhaft auf, dass soziale Verantwortung und Sinnhaftigkeit von Missio-nen bzw. Visionen auch gegenüber potenziellen Bewerber/-innen eine positive Wirkung entfalten und das Unternehmen insgesamt als attraktiveren Arbeitgeber erscheinen lassen.

Da sich die besten Talente ihren Arbeitgeber aussuchen können, ist eine Unternehmensführung, die erkennbar soziale Verantwortung übernimmt, und eine differenzierende und sinnstiftende Mission bzw. Vision umso wichtiger, um hochqualifizierte Mitarbeitende zu gewinnen. Viele der digitalen Stars und ähnlich ambitionierte Unternehmen verfolgen mit der Formulierung eines sol-chen „transformative purpose" auch eine „Mission" im wahrsten Sinne des Wortes, die zum Ziel hat, die Welt zu verändern. Dies geht weit über Corpo-rate-Social-Responsibility-Ansätze hinaus. Es kann angenommen werden, dass eine solche transformative Mission bzw. Vision für Mitarbeitende und potenzi-elle Bewerber/-innen sogar wirkungsvoller sein kann als existierende Verant-wortung für soziale Zusammenhänge.

Hingegen sind „herkömmliche" Missionen und Visionen, wie in Abb. 4.2 dar-gestellt, oft nur dem Begriff nach eine Mission. Der Hersteller von E-Automobilen, Tesla, der die traditionellen Automobilkonzerne mit neuen Konzepten herausfor-dert, konzentriert sich in diesem „missionarischen" Sinne ganz auf die Erzielung von nachhaltiger Mobilität durch die flächendeckende und massenmarktkompa-tible Verbreitung von E-Mobilität: „Our goal when we created Tesla a decade ago was the same as it is today: To accelerate the advent of sustainable transport by bringing compelling mass market electric cars to market as soon as possible."[33] Mit dieser klaren und ambitionierten Mission fällt es dem Unternehmen leicht, die besten Talente für sich zu gewinnen und zu halten.

---

[33] https://www.tesla.com/blog/mission-tesla (abgerufen am 1.10.21).

Was können wir aus den Visionen und Missionen der digitalen Stars lernen? Einerseits sind hier die erwähnten positiven Aspekte wie motivierende Ziele, „transformative purpose", eine wirkliche „Mission" und daraus resultierend sinnstiftend erlebte Aufgaben zu nennen. Andererseits können jedoch zu ambitionierte Ziele auch gefährlich oder kontraproduktiv wirken. Im Fall des Fahrdienst-Anbieters Uber hat sich beispielsweise gezeigt, dass trotz oder evtl. auch wegen einer durchaus positiven und ambitionierten Mission („Uber is evolving the way the world moves. By seamlessly connecting riders to drivers through our apps, we make cities more accessible, opening up more possibilities for riders and more business for drivers."[34]), sich einige Aspekte der Unternehmensführung negativ entwickelt haben. So wurde bekannt, dass sich bei Uber über Jahre hinweg aufgrund von recht ambitionierten und rein auf Kennzahlen und Wachstum fixierten Zielen eine toxische Unternehmenskultur gebildet hat, die sich nicht zuletzt in den Aussagen und im Verhalten des Gründers und Vorstands Tevor Kalanick gezeigt hat. Die Probleme in der Unternehmenskultur und im Verhalten des Top-Management-Teams haben monatelang weltweit für negative Schlagzeilen gesorgt und letztlich mit dem Rücktritt Kalanick zu personellen Konsequenzen geführt. Bei Uber resultierten die Unternehmensziele in einer aggressiven Kultur (Zitat eines Mitarbeiters während eines Bewerbungsgesprächs: „We do have an aggressive culture, we do step on people's toes, and we think that the best way to get performance out of people.").[35] Im Ergebnis wurde nach dem Rückzug von Kalanick ein kompletter Neuanfang bei Uber eingeleitet – mit einem neuen Top-Management und dem Versuch, die Unternehmenskultur zu verändern.

Auch bei Facebook zeigen jüngere Datenschutz-Skandale, dass ethische Aspekte häufig hintenangestellt wurden, um Umsätze zu generieren. Neben solchen negativen Auswirkungen der Mission gilt es auch zu bedenken, dass nicht jedes Unternehmen überhaupt in der Lage ist, eine ambitionierte Vision aufzustellen. Aus naheliegenden Gründen sollte es auch nicht das Ziel eines jeden Unternehmens sein. Es ist also mitnichten so, dass eine ambitionierte Mission bzw. Vision ein Unternehmen automatisch erfolgreich machen. Im Gegenteil.

Was andere Unternehmen jedoch von den ambitionierten und transformativen Visionen der digitalen Stars lernen können, ist, ihre Vision und Mission zu hinterfragen und zu analysieren. Sie sollten tatsächlich handlungsleitenden Charakter haben, sinnstiftend, bildlich gut vorstellbar und differenzierend sein. Hat ein Unternehmen eine Vision wegen ihres Selbstzwecks formuliert, ist dies nicht sinnvoll

34 https://www.uber.com/en-hr/blog/zagreb/looking-for-a-marketing-associate-uber-croatia/ (abgerufen am 1.10.21).
35 https://www.theguardian.com/technology/2017/mar/07/uber-work-culture-travis-kalanick-susan-fowler-controversy (abgerufen am 19.01.2022).

und womöglich wird sie nichts bewirken. Zudem sind Ziele wie „die beste Bank" oder „das beste Auto" wenig sinnvoll. Der Ökonom John Kay zeigt in seinem Buch „Obliquity" auf, dass die *direkte* Konzentration auf ein solches Ziel nicht unbedingt dazu führt, dass man es erreicht.[36]

Kay stellt die These auf, dass große Erfolge häufig indirekt statt direkt erreicht werden, dass also die Fokussierung auf einen definierten Erfolg (z. B. Erreichung einer bestimmten Kennzahl) weniger erfolgreich ist als die Fokussierung auf „die Sache selbst" (z. B. täglich sehr gute Leistungen hinsichtlich der Sache selbst zu erbringen). Sein Beispiel des Flugzeugherstellers Boeing illustriert diese Erkenntnis. Zunächst hatte Boeing die Devise „eat, breathe, and sleep the world of aeronautics". In dieser Zeit baute das Unternehmen unter anderem die Boeing 747 und erreichte hiermit hervorragende Finanzkennzahlen. Nur einige Jahre später änderte sich der Fokus des Unternehmens und konzentrierte sich nun explizit auf Shareholder Return und Return on Investment („We are going into a value-based environment where unit cost, return on investment and shareholder return are the measures by which you'll be judged"). Hiermit wurde das Unternehmen jedoch nicht finanziell erfolgreicher, sondern fiel hinter der Konkurrenz zurück.[37]

Kay verdeutlicht dieses Phänomen auch anhand weiterer Unternehmen (z. B. dem britischen Konzern ICI), Städte (z. B. Paris vs. die geplante Hauptstadt Brasilia) und Personen (z. B. Bill Gates). Konzentriert man sich in einer komplexen, ambiguen und sich schnell ändernden Welt auf eine Kennzahl wie „Shareholder Value" oder „Return on Investment", wird man sein Ziel laut Kay womöglich verfehlen, da wir schlicht nicht wissen, wie genau dieses Ziel erreicht werden kann. In einer einfachen und vorhersehbaren Umwelt mit wenigen Stellschrauben ist dies möglich – nicht jedoch in der heutigen von VUCA („volatility", „uncertainty", „complexity" und „ambiguity") geprägten Umgebung. Hier ist es sinnvoller, sich auf die Inhalte zu konzentrieren – ähnlich wie in den Beispielen von Boeing, Google oder Calico. Folgt man Kays Analysen, haben solche Ziele eher eine Chance, zu Unternehmens- oder auch persönlichem Erfolg zu führen.

---

36 https://www.johnkay.com/2004/01/17/obliquity/ (abgerufen am 5.05.21).
37 https://www.johnkay.com/2004/01/17/obliquity/ (abgerufen am 05.05.2021).

5 Top-Management und Board of Directors

Wer steht an der Spitze der digitalen Stars und zeichnet verantwortlich für die Unternehmensführung? Welche biografischen Hintergründe und Erfahrungen haben die Vorstände und Aufsichtsräte in den Führungsgremien? Und warum ist diese Frage nach den Mitgliedern des Top-Managements eigentlich relevant? Die Frage, welchen Einfluss sie auf das Verhalten in und von modernen Unternehmen haben, ist ganz und gar nicht neu. Bereits Chester Barnard beschrieb 1938 die zentrale Rolle des Top-Managements für Organisationen in seinem zum Klassiker der Managementforschung avancierten Buch „The Functions of the Executive".

Einen der wichtigsten Beiträge zur Rolle des Top-Managements für das strategische Verhalten von modernen Unternehmen lieferten Donald Hambrick und Phyllis Mason in ihrem 1984 erschienenen Artikel „Upper echelons: The organization as a reflection of its top managers". In ihrer konzeptionellen Arbeit geht es um die Frage, warum Unternehmen so handeln wie sie handeln. Der Beitrag stellt primär die These auf, dass die biografischen Charakteristika der Top-Führungskräfte (d. h. der sogenannten „Upper Echelons" wie beispielsweise Vorstände und Aufsichtsräte) sowohl das strategische Verhalten als auch den Unternehmenserfolg prägen.

Unter biografischen Charakteristika werden hierbei Merkmale wie Alter, Ausbildung, sozioökonomische Herkunft (z. B. sozialer Status des Elternhauses) oder bisherige funktionale Laufbahn (d. h. welche Funktionen, wie Marketing, Finanzen, Logistik, hatte ein Top-Management-Mitglied im Verlaufe der eigenen Karriere inne) verstanden (vgl. Abb. 5.1).

Je nach Unternehmenskontext (z. B. Branche, Umwelt) werden Personen mit bestimmten Eigenschaften für die höchste Führungsebene ausgewählt, was sich in den biografischen Merkmalen der „oberen Etagen" widerspiegelt. Diese Merkmale wiederum bestimmen ihre strategischen Entscheidungen, wie beispielsweise die Innovationsfreudigkeit des Unternehmens, das Ausmaß an Diversifikation der Produkte oder Dienstleistungen, die Anzahl und Art von Unternehmensakquisitionen, administrative Komplexität oder die Reaktionsgeschwindigkeit des Unternehmens, wenn sich Märkte oder die Kundenzielgruppen ändern. Die Art der strategischen Entscheidungen beeinflusst wiederum die Leistung des Unternehmens hinsichtlich finanzieller oder sozialer Indikatoren.

Zusätzlich gibt es direkte Einflussbeziehungen zwischen dem Unternehmenskontext und den strategischen Entscheidungen sowie zwischen den Merkmalen des Top-Managements und der Unternehmensleistung. Außerdem ist die Stärke des Einflusses der Merkmale der Führungsriege auf die strategischen Entscheidungen abhängig von dem Handlungsspielraum, den Manager in ihrem Unternehmen haben. Ist der groß, so ist der Einfluss entsprechend größer. Schließlich ist das Ausmaß,

https://doi.org/10.1515/9783110562989-005

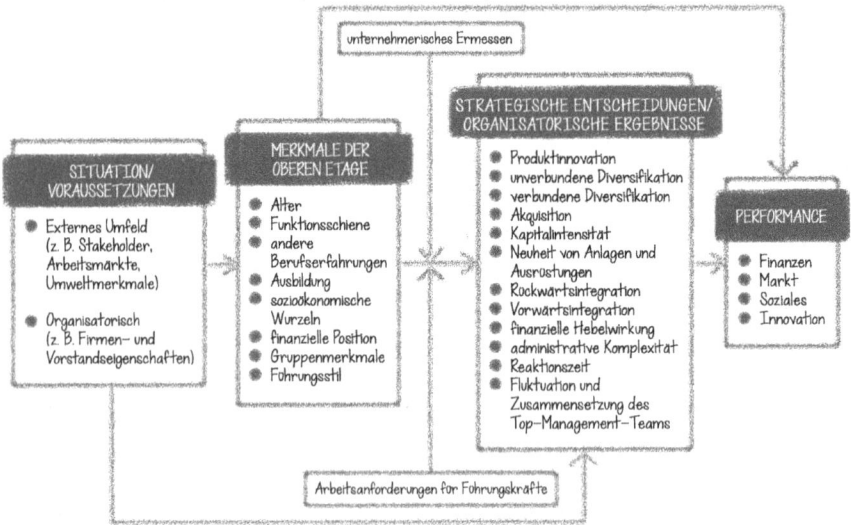

Abb. 5.1: Die Merkmale des Top-Managements beeinflussen das Unternehmen und seinen Erfolg. Quelle: Eigene Darstellung, nach: Hiebl (2014).

wie sehr die Merkmale des Top-Managements die strategischen Entscheidungen beeinflussen, auch von den Herausforderungen, denen sich die Vorstände gegenübersehen, abhängig. Sind sie mit großen Schwierigkeiten konfrontiert, dann haben sie weniger Zeit, ihre strategischen Entscheidungen genau zu durchdenken und verlassen sich daher womöglich mehr auf Heuristiken und ihren persönlichen Erfahrungshorizont als „mentale Abkürzungen". Sehen sie sich jedoch weniger komplexen Problematiken gegenüber, ist der Einfluss dieser Faktoren womöglich geringer.

Die empirischen Erkenntnisse aus langjähriger Forschung und den daraus resultierenden Studien zur Gültigkeit der „Upper-Echelons-Theorie" belegen, dass die demografischen und psychologischen Persönlichkeitsmerkmale der Mitglieder des Top-Managements tatsächlich signifikant die strategischen Entscheidungen von Unternehmen beeinflussen (Hambrick & Mason, 1984). Einige Studienergebnisse sollen dies verdeutlichen.

Beispielsweise wurde in einer empirischen Studie aus dem Jahr 2013 von Gerstner und Kollegen der Einfluss des Ausmaßes von Narzissmus als Persönlichkeitsmerkmal von Vorstandsvorsitzenden auf das strategische Verhalten von Pharmaunternehmen untersucht. Narzissmus wurde hierbei nicht als klinische Verhaltensauffälligkeit definiert, sondern als stabiles Persönlichkeitsmerkmal auf einem Kontinuum. Hier ging es um die Tendenz, ein überhöhtes Selbstkonzept aufzuweisen und sich das eigene übermäßig als positiv wahrgenommene Selbst permanent von außen bestätigen zu lassen. Da Narzissmus sich nur schwer durch die

Befragung von Vorstandsvorsitzenden erheben lässt, wurden weniger auffällige Indikatoren verwendet. Dazu gehörten kreative Indikatoren wie die Größe des Fotos von Vorstandsvorsitzenden in jährlichen Geschäftsberichten und ob diese auf dem Foto allein oder mit anderen Vorständen abgebildet waren, die Anzahl der Nennungen von Vorstandsvorsitzenden in Relation zur Anzahl der Nennungen des am zweitbesten bezahlten Vorstands in Presseberichten und die Vergütung der Vorstandsvorsitzenden in Relation zu der des am zweitbesten bezahlten Vorstands des Unternehmens.

Die Studie von Gerstner und Kollegen untersuchte nun im Kontext von Pharmaunternehmen, ob sich Narzissmus von Vorstandsvorsitzenden darauf auswirkt, ob sie eher in innovative Biotechnologie investieren. Die Studienergebnisse zeigen interessanterweise, dass narzisstischere Vorstandsvorsitzende mehr in innovative Biotechnologie investieren als weniger narzisstische. Zudem war dieser Effekt von Narzissmus dann stärker ausgeprägt, wenn Biotechnologie in der breiten Öffentlichkeit (z. B. durch Erwähnung in den Medien) als eine interessante und spannende Entwicklung gesehen wurde. Auch in dieser Studie zeigt sich also, dass die Persönlichkeit von Vorständen sich signifikant auf das strategische Verhalten der von ihnen geführten Unternehmen auswirkt. In vorherigen Studien von Chatterjee und Hambrick aus den Jahren 2007 und 2011 zeigte sich ebenfalls, dass sich narzisstische Züge von Vorständen auf Variablen wie beispielsweise die Anzahl von Strategiewechseln eines Unternehmens, die Anzahl und Größe von Unternehmensakquisitionen, extreme Unternehmensleistungen (außerordentlich große Gewinne, aber auch extrem große Verluste) und die Volatilität von Unternehmensleistung auswirken.

In einer ähnlichen Studie von Crossland und Kollegen (2014) zeigte sich, dass sich das Ausmaß an Vielfalt im Karrierehintergrund (d. h. die sogenannte „Karrierevielfalt") von Top-Führungskräften auf die Neuheit von strategischen Entscheidungen auswirkt. Konkret untersuchte das Team um Crossland, ob sich die Anzahl (a) der verschiedenen Branchen, (b) der verschiedenen Unternehmen und (c) der verschiedenen Funktionsbereiche, in denen Vorstandsvorsitzende im Laufe der Karriere vor ihrer aktuellen Position gearbeitet haben, darauf auswirkt, ob ihre Unternehmen eine stärkere strategische Dynamik aufweisen. Der Begriff Dynamik umfasst hier Änderungen der Allokation von strategischen Ressourcen auf verschiedene Bereiche wie beispielsweise Kapitalstruktur, Marketing, Forschung und Entwicklung. Zudem wurde die Auswirkung der Karrierevielfalt auf die Abweichung der Unternehmen von strategischen Normen innerhalb der Branche untersucht. In der Tat zeigte sich in einer Stichprobe von 250 Vorstandsvorsitzenden von Fortune-250-Unternehmen, dass eine höhere Karrierevielfalt sowohl zu stärkerer strategischer Dynamik als auch zu höherer Abweichung der Unternehmen von strategischen Normen führt. Die Vielfalt an Erfahrungen von Vorstandsvorsitzenden hängt also signifikant mit der „strategischen Innovation" der von ihnen geführten Unternehmen zusammen.

Schließlich konzentrierten sich Chin und Kollegen in einer Studie von 2013 auf den Einfluss der politischen Einstellungen von Vorstandsvorsitzenden auf das Verhalten von den von ihnen geführten Unternehmen. Sie untersuchten hierbei insbesondere die Einstellungen „Konservatismus" vs. „Liberalismus" im US-amerikanischen Kontext. In einer Stichprobe von 249 Vorstandsvorsitzenden wurde die politische Einstellung der Vorstandsvorsitzenden erforscht, indem ihre Spenden an die beiden großen politischen Parteien in den USA, die Republikaner und die Demokraten, in den letzten zehn Jahren vor ihrer Ernennung zum/zur Vorstandsvorsitzenden, als Indikator verwendet wurden. Hierbei wurde angenommen, dass Spenden an die Republikanische Partei eher persönliche Werte des „Konservatismus", während Spenden an die Demokratische Partei eher persönliche Werte des „Liberalismus" widerspiegeln. Chin und Kollegen untersuchten, ob die persönlichen Werthaltungen der Vorstandsvorsitzenden die „Corporate Social Responsibility" (d. h. soziale Verantwortung der Unternehmen in den Bereichen Umwelt, Menschenrechte, Diversität, Arbeitnehmerrechte usw.) die von ihnen geführten Unternehmen beeinflussen. Die Ergebnisse dieser Studie zeigen, dass sich die politischen Werthaltungen in der Tat in sozial verantwortlichen Aktivitäten der von ihnen geführten Unternehmen widerspiegeln. So weisen die Unternehmen unter „liberaleren" Vorstandsvorsitzenden größere Fortschritte im Bereich der „Corporate-Social-Responsibility"-Aktivitäten auf als Unternehmen, die von „konservativeren" Vorstandsvorsitzenden geführt werden. Zudem ist der Einfluss des „Liberalismus" von Vorstandsvorsitzenden auf solche Aktivitäten stärker, wenn sie mehr Macht in dem Unternehmen genossen. Interessanterweise fanden die Autoren auch heraus, dass „Corporate-Social-Responsibility"-Aktivitäten der „liberaleren" Vorstandsvorsitzenden weniger stark von der rezenten Unternehmensleistung abhängig waren als diejenigen der „konservativeren" Vorstandsvorsitzenden.

Zusammenfassend haben die zahlreichen Studien zur Gültigkeit der „Upper-Echelons-Theorie" von Hambrick und Kollegen in den letzten mehr als 30 Jahren also immer wieder belegt, dass Merkmale des Top-Managements wie Alter, Persönlichkeit, Ausbildung, politische Einstellungen, sozioökonomische Herkunft oder Karriere-Diversität strategische Entscheidungen und das Verhalten von Unternehmen beeinflussen. Dies war wiederum messbar in der Unternehmensleistung in Form von Profitabilität, Wachstum oder Überlebensdauer der Organisation. Auch die meta-analytischen Befunde (also systematisch und quantitativ zusammengefasste Ergebnisse über viele Studien hinweg) von Wang und Kollegen (2016) haben gezeigt, dass die Eigenschaften von Mitgliedern des Top-Managements signifikant mit der zukünftigen Unternehmensleistung korrelieren.

Entsprechend kann man davon ausgehen, dass auch bei den digitalen Stars die Eigenschaften des Top-Managements das strategische Verhalten dieser Unternehmen prägen. Ergebnisse einer Studie der Unternehmensberatung Lonergan Partners mit Unterstützung der Universität Stanford[38] zeigen das aktuelle Profil der Führungsebene der digitalen Stars bzw. der erfolgreichsten Silicon-Valley-Unternehmen auf.

Die Ergebnisse können wie folgt zusammengefasst werden: Die Boards of Directors (die Leitungs- und Kontrollgremien in US-amerikanischen Unternehmen) haben nur relativ wenige weibliche Vorstandsmitglieder. Die Mitglieder des Top-Managements sind zudem überwiegend sehr gut formal ausgebildet (d. h. sie haben einen Hochschulabschluss und knapp 40 Prozent weisen sogar einen Abschluss einer US-amerikanischen Elite-Universität, zumeist Stanford, vor). Außerdem ist das Board of Directors dieser Unternehmen mit Personen besetzt, die mit einer Wahrscheinlichkeit von 20 Prozent auch in einem anderen Vorstand eines erfolgreichen Silicon-Valley-Unternehmens sitzen. In ihrer Mehrheit gehören die Mitglieder zudem zu der Generation der „Baby-Boomer" und stammen aus den USA.

Insgesamt zeigt sich bei diesen Ergebnissen, dass die Boards of Directors der digitalten Stars recht homogen zusammengesetzt sind. Hinsichtlich des Anteils von Frauen und der Altersstruktur wird eine ähnliche Tendenz wie bei großen etablierten Unternehmen deutlich – obwohl die digitalen Stars und das Silicon Valley im Allgemeinen sonst eher progressive Produkte, Dienstleistungen oder auch organisationale Praktiken, Tools und Prozesse hervorgebracht haben.

Es drängt sich hier also die Frage auf, ob diese homogene Zusammensetzung der Boards of Directors eher einen Vorteil oder einen Nachteil für die Unternehmen darstellt. Die Studie der Unternehmensberatung Lonergan Partners kommt hierzu zu dem Schluss, dass die erfolgreiche strategische Führung der untersuchten Silicon-Valley-Unternehmen eine besondere Erfahrung in der Unternehmensführung von Technologieunternehmen voraussetzt. Sie ist am zuverlässigsten bei Mitgliedern der obersten Führungsebene oder hochrangigen Talenten vergleichbarer Unternehmen zu finden. Auch hinsichtlich der Unternehmenskultur zeigt sich erwartungsgemäß, dass eine bessere Unternehmenskultur-Passung dann erzielt wird, wenn das Board of Directors Mitglieder aufnimmt, die ebenfalls aus dem Silicon-Valley-Umfeld stammen. Hierfür liefert die konzeptuelle und empirische Forschung zum Thema Person-Organisations-Passung („person-organization fit") wichtige Erkenntnisse. Abbildung 5.2 zeigt die Passung zwischen Personen und Organisationen schematisch.

---

38 Siehe: Lonergan Partners (2015). *Who runs Silicon Valley: Board of directors edition.* Lonergan Partners Insights. Derzeit leider auf der Seite (https://loneranpartners.com/insights) nicht erreichbar.

ORGANISATION   PERSON

CHARAKTERISTIKA: Supplementären Passung   CHARAKTERISTIKA:
● Kultur/Klima   ←⸺⸺⸺⸺⸺⸺⸺⸺⸺→   ● Persönlichkeit
● Werte   *a*   ● Werte
● Ziele   ● Ziele
● Normen   ● Einstellungen

STELLT BEREIT:

STELLT BEREIT: STELLT BEREIT:
● Ressourcen   ● Ressourcen
  ∘ Finanziell   ∘ Zeit
  ∘ Physisch   ∘ Aufwand
  ∘ Psychologisch   ∘ Engagement
                                          ∘ Erfahrung
● Möglichkeiten   ● Kenntnisse, Fertigkeiten,
  ∘ Aufgabenbezogen   Fähigkeiten
  ∘ Zwischenmenschlich   ∘ Aufgaben
                                           ∘ Zwischenmenschliches

FORDERT: FORDERT:
● Ressourcen   ● Ressourcen
  ∘ Zeit   ∘ Finanziell
  ∘ Aufwand   ∘ Physisch
  ∘ Engagement   ∘ Psychologisch
  ∘ Erfahrung   *c*   *b*
                                    Komplementäre Passung   ● Möglichkeiten
● Kenntnisse, Fertigkeiten,   ∘ Aufgabenbezogen
  Fähigkeiten   ∘ Zwischenmenschlich
  ∘ Aufgaben
  ∘ Zwischenmenschliches

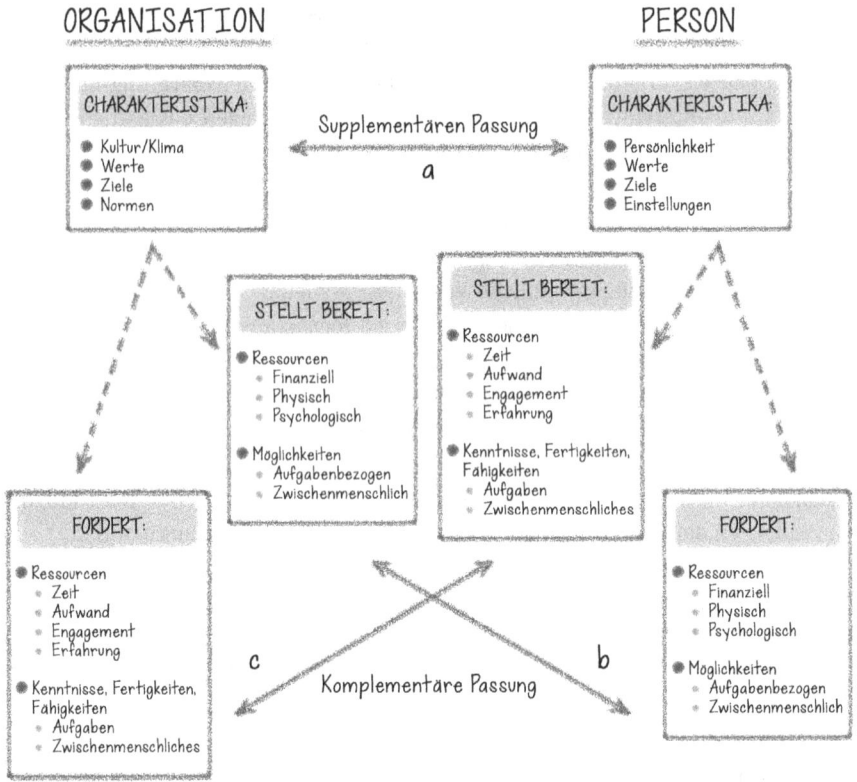

Abb. 5.2: Digitale Star Unternehmen achten auf eine gute Passung zwischen Person und Aufgabe im Unternehmen.
Quelle: Kristof (1996). Eigene Darstellung.

Der Ansicht, dass eine bessere Person-Unternehmenskultur-Passung dann erzielt wird, wenn das Board of Directors solche Mitglieder neu aufnimmt, die ebenfalls aus dem Silicon-Valley-Umfeld stammen, liegen die Argumente einer sogenannten supplementären Passung („supplementary fit") zugrunde. Darunter versteht man die Argumentation, dass Entitäten, die ähnlich sind, gut zusammenpassen. Ein Beispiel hierfür wären ähnliche Unternehmenskulturen von Silicon-Valley-Unternehmen, sodass Personen aus der einen Firma sich schnell in die der zweiten einpassen. Im Gegensatz zu dieser Argumentation steht die komplementäre Passung („complementary fit"), d. h. dass Entitäten zusammenpassen, die sich gegenseitig ergänzen. Ein Beispiel hierfür wäre eine Gründerin mit Software-Expertise und eine mit Business-Expertise, die gemeinsam als Team ein Software-Start-up starten. Abbildung 5.2 verdeutlicht diesen Unterschied zwischen supplementärer und komplementärer Passung.

Aus anekdotischen Beobachtungen und aus der empirischen Forschung wissen wir, dass sich für Teams aus sich ähnelnden Personen zwar viele Vorteile ergeben, es aber auch zu negativen Konsequenzen kommen kann, z. B. dem Group-Think-Phänomen. Dann treffen Gruppen möglicherweise schlechtere Entscheidungen, wenn sich die Einschätzungen oder Meinungen der – jede für sich genommen kompetenten – Personen der Gruppenmeinung anpassen. Als Beispiele für Group Think werden häufig die schlechten Entscheidungen, die in der Challenger-Katastrophe[39] oder während der Invasion in der Schweinebucht[40] getroffen wurden, genannt. Ein Faktor, der das Auftreten von Group Think wahrscheinlicher macht, ist wenn die Teammitglieder sich sehr ähneln. Durch vergleichbare Hintergründe kommen Personen häufig zu ähnlichen Ansichten und daher zu parallelen Einschätzungen und resultierenden Entscheidungen. Dies kann für viele unternehmensstrategische Herausforderungen positiv sein, da sich Führungsteams besser austauschen und somit schneller Entscheidungen treffen können. Andererseits kann mangelnde Diversität von Gruppen zu Fehleinschätzungen führen, da alle Gruppenmitglieder derselben Meinung sind und daher andere – eventuell bessere – Informationen oder Entscheidungsalternativen übersehen.

Angesichts von negativen Ereignissen rund um die digitalen Stars – wie beispielsweise die toxische Unternehmenskultur bei Uber, der Datenschutzskandal bei Facebook und Cambridge Analytica oder die möglichen Manipulationen im US-Wahlkampf 2016 in den sozialen Medien wie Facebook, Twitter, aber auch auf Google – stellt sich die Frage, ob solche Krisen und Skandale durch ein diverser besetztes Management-Team in der Unternehmensführung verhindert oder zumindest besser bewältigt werden können.

In der Tat deutet die bisherige Forschung darauf hin, dass Diversität in Corporate Boards, positiv mit Unternehmensleistung in Verbindung steht. Eine Meta-Analyse von 140 Studien aus dem Jahr 2015 zeigt, dass der Anteil von Frauen in Boards positiv mit finanziellen Kennzahlen korreliert (Post & Byron, 2015). Interessanterweise zeigt sich in dieser Übersichtsarbeit jedoch auch, dass die Anzahl von Frauen in Vorständen positiv mit dem Ausmaß seiner Monitoring-Aktivitäten und Strategie-Beteiligung korreliert. Monitoring-Aktivitäten beziehen sich hierbei auf Maßnahmen, die den Opportunismus des Top-Managements kontrollieren. Strategie-Beteiligung bezeichnet das Ausmaß, in dem das Board eine aktive strategische Beratungsfunktion übernimmt und Entscheidungen darüber trifft, wie das Unternehmen am Markt agiert. Abbildung 5.3 zeigt schematisch auf, wie sich die

---

39 https://www.br.de/nachrichten/wissen/warum-gruppendenken-so-gefaehrlich-ist,SQQmATL (abgerufen am 19.01.2022).
40 https://www.wienerzeitung.at/nachrichten/wissen/geschichte/2099529-Das-Desaster-in-der-Schweinebucht.html (abgerufen am 19.01.2022).

Zusammensetzung des Boards auf sein (strategisches) Verhalten und seine Entscheidungen sowie auf Stakeholder innerhalb und außerhalb des Unternehmens und letztlich auf den Erfolg der Unternehmen auswirkt.

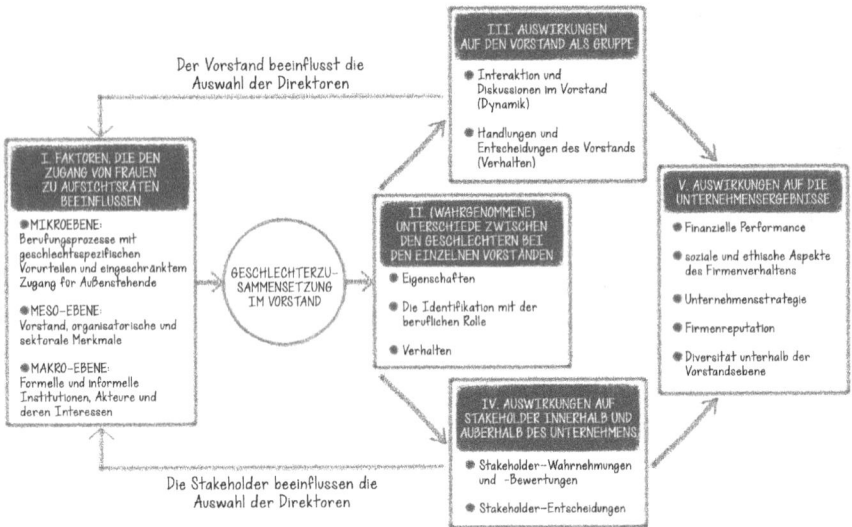

Abb. 5.3: Studien zeigen immer wieder die Korrelation zwischen Diversität im Top-Management und Unternehmenserfolg.
Quelle: Eigene Darstellung, nach: Kirsch (2018).

Diese Meta-Studie zeigt also, dass eine höhere Diversität im Board – in diesem Fall durch die Repräsentation von Frauen – grundsätzlich zu einem besseren Monitoring und zu besserer kollektiver Abstimmung der Strategie führt. Dies könnte ein Hinweis darauf sein, dass digitale Stars durch eine diversere Ausrichtung ihrer Führungsebene bessere Entscheidungen treffen und damit Krisen oder Skandale besser bewältigen. Angesichts der Entwicklungen haben einige Unternehmen ihre Strategie diesbezüglich geändert. So haben beispielsweise Facebook oder Uber Maßnahmen getroffen, um negativen Ereignissen präventiv entgegenzuwirken. Ob sich diese Entwicklungen langfristig etablieren oder wann und zu welchem Ausmaß sich die Boards der digitalen Stars ändern werden, bleibt abzuwarten.

6 Organisationsdesign und -struktur

Digitale Transformation verlangt von etablierten Unternehmen mehr als bisher zu leisten. Nach wie vor erwarten Mitarbeiter/-innen, Bewerber/-innen, die Öffentlichkeit und Stakeholder, dass diese Organisationen weiter Stabilität, Stärke, Größe und Beständigkeit zeigen. Neu hinzugekommen sind jedoch Anforderungen an etablierte Unternehmen, die eher aus dem Start-up-Kontext bekannt sind. Dazu gehören Flexibilität, Geschwindigkeit, und Skalierbarkeit. Mit den alten und bisherigen Organisationsdesigns und -strukturen lassen sich diese Herausforderungen kaum bewältigen (siehe Abb. 6.1).

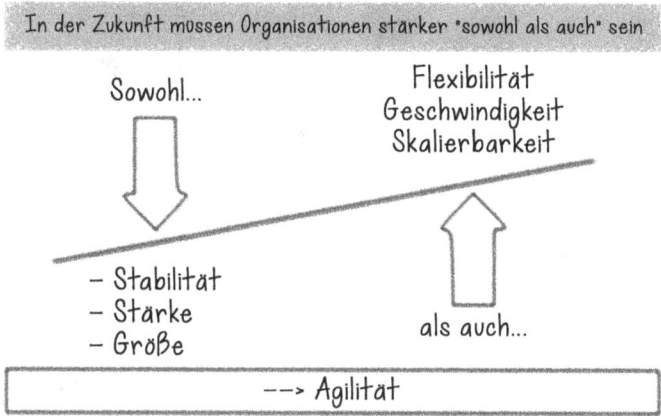

Abb. 6.1: Mit alten Organisationsmodellen lässt sich die digitale Transformation nicht bewältigen, Ägilität ist gefragt.
Quelle: Eigene Darstellung, nach: O'Reilly & Tushman (2004).

Die digitale Transformation führt dazu, dass Unternehmen vor allem dann erfolgreich sind, wenn sie in der Lage sind, den Kundenfokus ins Zentrum ihrer Geschäfts-, Organisations- und Führungsmodelle zu stellen und den Kund/-innen zu geben, was diese brauchen, wann und wo sie es brauchen. Das bedeutet für viele Unternehmen, die vor 2007 entstanden sind, dass sich ihre althergebrachten Prozesse modernisieren müssen. Das ist für viele eine große Herausforderung, da diese Modelle in der Vergangenheit oftmals Grundlage ihres Erfolgs waren, als es noch darum ging, das technisch beste „One-size-fits-all"-Produkt, die beste Technologie anzubieten oder das günstigste Angebot zu machen und dann möglichst weltweit zu verkaufen. Da die neuen Wettbewerbsanforderungen und andere Erfolgsfaktoren es notwendig machen, anstelle des „besten" Produkts individuelle Lösungen für Menschen zu finden,

https://doi.org/10.1515/9783110562989-006

tragen alte Organisationsstrukturen und -prozesse nicht mehr. Sie sind durch ihre fixen Abläufe, starren Hierarchien und festgelegten Prozesse nicht darauf ausgelegt, flexibel und innovativ auf die individuellen Kundenwünsche einzugehen (vgl. Abb. 6.2).

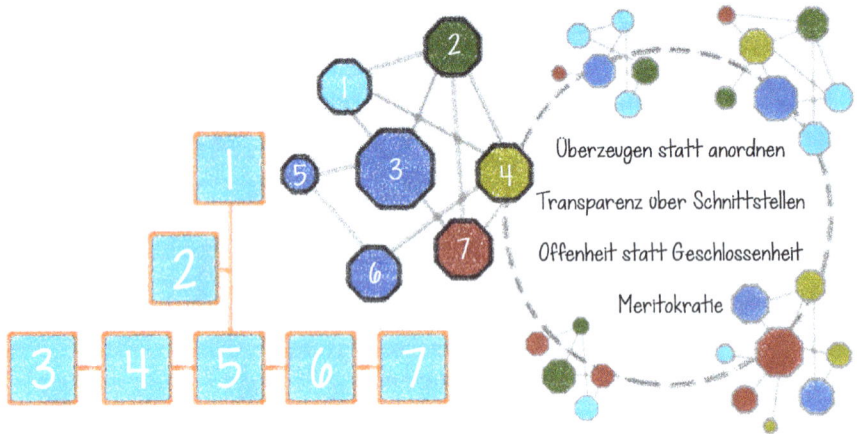

Abb. 6.2: Anstelle des Organigramms tritt in Organisationen der Zukunft Selbstorganisation mit durchlässige Unternehmensgrenzen.
Quelle: Eigene Abbildung.

Organisationsstrukturen, die früher „top down" also von oben nach unten ausgelegt waren, sind nun unter dem Einfluss der verfügbaren (Echtzeit-)Daten und der zunehmenden Beteiligung von Kund/-innen an Herstellungsprozessen zunehmend bottom-up, also von unten nach oben konzipiert. In Deutschland sind viele Organisationen sehr gut aufgestellt was die Top-down-Steuerung durch Zielsetzung, Kontrolle und Monitoring der Führung sowie formale Hierarchie angeht. Aber durch den Eintritt in das Informationszeitalter verschiebt sich die Bedeutung von Top-down-Zielsetzung. Nicht länger legt die Unternehmensspitze alleine die Ziele fest und gibt sie nach unten weiter, da Zielsetzungen oftmals von unten nach oben oder außen überhaupt erst entstehen.

Das Beispiel einer Tageszeitung illustriert diese Veränderung: Früher war es auch bei großen Tageszeitungen so, dass das Redaktionsteam zum Beispiel bei einem Wirtschaftsskandal zusammen überlegt und entschieden hat, welche Expert/-innen und Manager/-innen zu Wort kommen müssen, damit die Leserschaft einen guten Überblick über die Situation erhält. Die Zeitung wurde früher also top-down gedacht und Themen, Personen und Inhalte wurden für die Leserschaft zusammengestellt. Die Redaktion hat der Leserschaft vorgegeben, was wichtig ist, um gut informiert zu sein. Durch die digitale Revolution mit Breitband-Internet und Smartphone-Besitz wurde das System auf den Kopf gestellt: Nunmehr sagen die Leser(-innen) dem Redaktionsteam, welche Artikel sie lesen möchten, um gut informiert zu sein und welche Beiträge besonders gut gelungen sind. Dies geschieht über die Klickraten bei Artikeln. Es hat hier also eine Verschiebung, eine Invertierung, von Macht und Zielsetzung von unten nach oben und von außen nach innen ins Unternehmen stattgefunden.

Wir sehen auch, dass sich dadurch die Führungsfunktion verändert hat. Dort, wo Produkte, Angebote und Dienstleistungen standardisiert sind und bei denen Lösungsschemata und Routinen entwickelt wurden, besteht die Aufgabe der Führungskraft nach wie vor darin, zu kontrollieren, Ziele festzusetzen, zu überwachen, zu belohnen und zu sanktionieren. Dort jedoch, wo es um Innovation geht, verändert sich die Führungsfunktion dahingehend, Impulse und Anregungen zu geben und die Mitarbeitenden zu coachen.

Zum Beispiel würden in den neuen Organisationsstrukturen Führungskräfte Mitarbeitende für Projekte und Aufgaben auswählen und würden ihre eigene Autorität und Gestaltungsmacht nutzen, um die Bedingungen zu schaffen, die Mitarbeitende in ihren Teams brauchen, um erstklassige Arbeit machen zu können. Schließlich wird Wertschöpfung zunehmend nicht mehr von Einzelpersonen, sondern von (oftmals bereichsübergreifenden) Teams erbracht.

Digitale Stars haben vor allem ihre Prozesse sehr gut im Griff, indem – wo umsetzbar – alle ihre Prozesse standardisiert und automatisiert sind und nicht mehr von Menschen erledigt werden. Dieses Streben nach kontinuierlicher Automation von Prozessen ermöglicht diesen Unternehmen, agil, also anpassungsfähig, zu bleiben. Darüber hinaus haben zielführende Prozesse den Vorteil, dass die Entscheidungsgremien im Unternehmen schnell über die benötigten Informationen verfügen können. Andere Strukturen der digitalen Stars sind auf Kollaboration ausgerichtet und sie kultivieren neue Fähigkeiten und Fertigkeiten durch ihre Einstellungspraxis. Zum Beispiel werden neue Mitarbeitende nicht nur nach der kulturellen Passung eingestellt, sondern auch danach, ob sie die bestehende Kultur erweitern und bereichern. Hervorzuheben ist auch ihre Zusammenarbeit mit Start-ups in informeller Weise oder engmaschiger durch Inkubatoren und Akzeleratoren.

Entscheidend für den Erfolg von Unternehmen wird sein, ob sie in der Lage sind, einen Kulturwandel zu vollbringen, der es Menschen aus unterschiedlichen Organisationsbereichen mit diversen beruflichen und sozialen Hintergründen ermöglicht, auf Augenhöhe miteinander in Teams zu arbeiten. Wird es zum Beispiel Maschinen- und Autobauern gelingen, dass Informatikerinnen den Ingenieuren sagen, wie das Auto gebaut wird und dass Ingenieurinnen mit Informatikern und Designern in einem Team auf Augenhöhe zusammenarbeiten und am Ende die Designer Einfluss auf die Konstruktion des Autos haben? Dies wäre für viele ingenieursgetriebene Unternehmen ein recht starker Kulturwandel, der notwendig und schwierig sein wird.

Eine weitere Herausforderung für Führungskräfte ist die notwendige Erweiterung des eigenen Aktionsradius. Früher mussten sich Führungskräfte nur mit ihrer eigenen Firma befassen und eigene Produkte optimieren. Heute müssen sie das gesamte Wertschöpfungsnetzwerk der eigenen Firma, inklusive aller Stakeholder im Blick haben und dieses auch beeinflussen, selbst wenn sie oftmals gar keine formale Möglichkeit dazu haben. An einem Beispiel sei dies verdeutlicht: Ein Telefonhersteller wird nicht deswegen die meisten Geräte verkaufen, weil das Unternehmen das technisch beste Telefon herstellt, sondern die Kund/-innen werden das Telefon kaufen, das ihnen zahlreiche attraktive Apps bietet. Da die Apps nicht vom Telefonhersteller selbst erfunden und geschrieben werden, ist es wichtig, sich darüber Gedanken zu machen, wie die Produkte attraktiv werden für komplementäre Firmen, die die gewünschten Innovationen erbringen. Diese Überlegungen sind auch der Grund, warum Elon Musk die Konstruktionspläne und Patente von Tesla offengelegt hat, – ein für Autobauer ungewöhnlicher Schritt. Der Hintergedanke war hier wohl, dass das Unternehmen sich nicht darauf verlassen wollte, selbst alle möglichen komplementären Zusatzdienstleistungen entwickeln zu können. Durch die Offenlegung erreichte Musk, dass innovative freie Dienstleister sich darüber Gedanken machen, wie Tesla am Ende attraktiver wird.

Es gilt also hier für Führungskräfte, das gesamte Wertschöpfungsnetzwerk zu berücksichtigen, um Schnittstellen zu nutzen und die Offenheit der eigenen Organisation sicherzustellen. Es ist nicht verwunderlich, dass viele der digitalen Stars Entwicklerkonferenzen abhalten, in denen sie ihre Schnittstellen, Betriebssysteme und ähnliche Informationen offenlegen, damit andere Entwicklerinnen, Programmierer oder Firmen erfahren, wie sie einen Beitrag zum Produkt leisten können.

Für jede Organisation, die längerfristig bestehen will, wird es daher von essenzieller Bedeutung sein, Ambidexterität umzusetzen (siehe Abb. 6.3), also eine Organisation, eine Kultur, Strukturen und Prozesse zu haben, die es ihr erlauben, sowohl Innovation als auch Standardprozesse und -produkte zu unterstützen, die die wirtschaftliche Grundlage darstellen.

Wie in Abb. 6.2. dargestellt, fallen die Kompetenzen, Strukturen, Kultur und Führungsstile, die Exploitation (die Produkte und Dienstleistungen mit denen ein Unternehmen heute Geld verdient) und die Exploration (die Produkte und Dienstleistungen mit denen ein Unternehmen morgen Geld verdient) unterstützen, nicht nur sehr unterschiedlich, sondern teils auch gegensätzlich aus. Die Kunst in der Organisationsgestaltung der digitalen Transformation liegt im „Sowohl-als-Auch" – sowohl Exploitation als auch Exploration zu unterstützen. Organisationsstrukturen, die in Abb. 6.4. unter „Alt" aufgelistet sind, werden auch in Organisationen in der Zukunft ihren Platz haben. Viele etablierte Unternehmen beherrschen diese auch

	EXPLOITATIVE	EXPLORATIVE
STRATEGIEFOKUS	Kosten, Profit	Innovation, Wachstum
KRITISCHE AUFGABEN	Effizienz, inkrementelle Innovation	Anpassungsfähigkeit, Durchbruchsinnovation
KOMPETEZEN	Operational	Unternehmerisch
STRUKTUR	Formal, Mechanistisch	Adaptive, lose
KONTROLLE, BELOHNUNG	Gewinnmargen, Produktivität	Meilensteine, Wachstum
KULTUR	Effizienz, Niedriges Risiko, Kundenfokus	Risiko, Geschwindigkeit, Experimentierfreude
FÜHRUNGSROLLE	Autoritär, Top-Down	Visionär, involviert

Abb. 6.3: Unternehmen und ihre Mitarbeitenden müssen mit Ambidexterität umgehen können. Quelle: Eigene Darstellung, nach: O'Reilly & Tushman (2004).

schon sehr gut. Organisationsstrukturen, die in Abb. 6.4. unter „Neu" aufgelistet sind, müssen hingegen in vielen Organisationen erst noch entwickelt werden.

Ressourcen, die in alten Organisationsstrukturen oftmals bestimmten Einheiten fest zugeordnet wurden, werden in den neuen Organisationsstrukturen eher zwischen Bereichen geteilt. In ähnlicher Weise werden Rechte und Pflichten, die in alten Organisationsstrukturen nur permanent vergeben wurden (einmal Führungskraft geworden, war man immer Führungskraft), in neuen Organisationsstrukturen auch in zeitlich begrenzten Führungsfunktionen und Rollen wahrgenommen. Die Sicherstellung der Arbeitsleistung lief in der alten Welt primär über den Arbeitsvertrag und die darin festgelegten Rechte und Pflichten. In der Welt, in der Wissensarbeitende die entscheidende Ressource von Unternehmen sind, genügt der Arbeitsvertrag nicht: Es müssen Menschen gewonnen werden – hier kommt es statt auf den Arbeitsvertrag viel stärker auf den psychologischen Vertrag an und damit auch auf die Qualität der Beziehung zwischen Mitarbeitenden, Führungskraft und Unternehmen (vgl. Abb. 6.4).

Wir sehen also, dass sich die Organisationsstrukturen verändern müssen – weg vom rein hierarchischen Aufbau hin zu selbstorganisierten Teams, die in der Lage sind, flexibel auf Herausforderungen zu reagieren. Idealerweise bilden auch Teams Netzwerke, bei denen die Mitglieder sowohl unternehmensintern angestellt sind, als auch als Freelancer kurzfristig an anderen Projekten mitarbeiten. Um solch ein „Ökosystem" von sich selbst organisierenden Teams, die flexibel zu-

	„ALT"	„NEU"
ZIELSETZUNG	Top-Down	Bottom-Up
MACHT	Konzentriert	Verteilt
ABTEILUNGSGRÖßE	Groß	Klein
FÜHRUNGSFUNKTION	Kontrolle, Monitoring	Guidance, Coaching
STRUKTUR	Formale Hierarchie	Team & Arbeitsgruppen
ANALYSEEINHEIT	Firma	Netzwerk
ZIEL	Reliabilität, Replikation	Flexibilität, Emergenz
STEUERUNG	Vertikal	Horizontal
RESSOURCEN	Bestimmten Einheiten	Geteilt, unverbunden
RECHTE & PFLICHTEN	Permanent	Zeitlich begrenzt
INTEGRATION	Regelbasiert	Beziehungsbasiert
MOTIVATION	Effizienz	Innovation

Abb. 6.4: Alte und neue Organisationsstrukturen – Umsatz- und Gewinnmaximierung hat andere Erfolgsfaktoren als die Maximierung von Innovationen.
Quelle: Eigene Darstellung, nach: O'Reilly & Tushman (2004).

sammenarbeiten, aufbauen zu können, müssen einige Voraussetzungen erfüllt sein. Dazu zählen beispielsweise eine gemeinsame Kultur, gemeinsame Werte, Klarheit und Transparenz über die Ziele, Zugang und Austausch von Informationen sowie ein Wertungssystem, das sich auf die tatsächlichen Fähigkeiten und Beiträge der Teammitglieder fokussiert. Folgende Praxis-Beispiele der digitalen Stars illustrieren neue Ansätze im Organisationsdesign, in der Führung und in der Kultur.

1. Amazon hat in jedem Management-Meeting einen leeren Stuhl stehen, auf dem die wichtigste Person im Raum sitzt – der oder die Kund/-in. Der Hintergrund dieser Praktik ist, dass die meisten Führungs- und Management-Meetings in ihren Entscheidungen oftmals darauf blicken, welche Entscheidungen die Konkurrenz trifft und ihren Blick nicht auf die Nutzerin oder den Kunden richten.[41] Hingegen legt das Erfolgsrezept der digitalen Stars einen sehr starken Fokus auf die individuelle Problemlösung von Kund/-innen. Der leere Stuhl bei Amazon dient dazu, die anwesenden Manager/-innen und Führungskräfte genau daran zu erinnern. Sie sollen sich immer wieder fragen, was würden denn Kund/-innen wollen, wenn wir sie fragen könnten?

---

41 https://www.targetter.de/amazon-empty-chair-kunden/ (abgerufen am 8.09.21).

2. Die Firma Cisco hat festgestellt, dass der Großteil ihrer Wertschöpfung in Teams erbracht wird. Gleichzeitig erfasst das HR-System keinerlei Team-, sondern nur Individualdaten. Das System wurde entsprechend abgeändert, sodass die Teams die umfassenderen Daten bei ihrer Zusammenarbeit nutzen können.[42]

3. Das Erfolgsgeheimnis der Gründer der Firma Coyote Logistics, ein Logistik-B2B-Start-up, das mittlerweile von UPS gekauft wurde, besteht darin, dass sie keinen einzigen Mitarbeitenden eingestellt haben, der Erfahrung in der Logistikbranche hatte. Das ist natürlich erstmal erstaunlich, da grundsätzlich anzunehmen ist, dass ein Logistik-Start-up eher Menschen mit Logistikschwerpunkt in der Ausbildung anstellen würde. Coyote jedoch wollte niemanden, der schon „wusste, wie es geht" und daher betriebsblind für neue Logistik-Lösungen war.[43]

4. Die deutsche Firma LMF veränderte das Recruiting ihrer Auszubildenden, indem sie den Vorgang an sich in die Hände der bereits eingestellten jungen Leute gelegt hat. Mit großem Erfolg gestalteten sie die betriebliche Facebook- und Recruiting-Seite und wirkten darüber hinaus am Recruiting-Prozess für die neuen Azubis mit. Es bewarben sich mehr und geeignetere Azubis, die auch länger im Unternehmen verblieben (Hermann, 2016).

5. Google führte den sogenannten Bürokratie-Verhinderer ein. Hierbei wird vierteljährlich die ganze Belegschaft aufgefordert, die aus ihrer Sicht überflüssigen, ineffizienten und unnötigen Regeln und Prozesse zu benennen. Anschließend stimmen alle Mitarbeitenden über diese Liste ab und die Top 20 werden innerhalb von zwei Monaten modifiziert.[44] Das ist vergleichbar mit einem Frühjahrsputz, denn auch Vorschriften, Regeln und Prozesse sammeln sich an, werden sie nicht wieder entsorgt, „vermüllt" das Unternehmen, was es im Endeffekt verlangsamt. Der Charme dieser Maßnahme liegt auch darin, dass sie relativ kostenneutral ist.

6. Ein weiteres Beispiel von Amazon ist die Zwei-Pizza-Regel, bei der die Anzahl der Teilnehmenden eines Meetings so klein sein muss, dass sie von zwei Pizzen satt werden.[45]

---

42 https://www.cisco.com/c/dam/en/us/solutions/collaboration/people-insights-whitepaper.pdf (abgerufen am 13.09.21).

43 https://www.wsj.com/articles/how-coyote-logistics-went-from-startup-to-1-8-billion-ups-take over-target-in-under-a-decade-1438367463 (abgerufen am 8.09.21).

44 https://www.sfgate.com/news/article/Google-strives-to-avoid-losing-its-Googliness-5568738.php (abgerufen am 15.09.21).

45 https://economictimes.indiatimes.com/magazines/panache/3-reasons-why-jeff-bezoss-2-pizza-rule-can-help-a-company-succeed/articleshow/79572446.cms (abgerufen am. 8.09.21).

7. Einige digitale Stars haben sich bei der Rekrutierung von Talenten von dem Prinzip „post and pray" verabschiedet – eine Stellenanzeige zu posten und zu beten („pray"), dass sich geeignete Talente bewerben.[46] Die Wahrscheinlichkeit, dass ein Talent mit den entsprechenden fachlichen, aber auch persönlichen Eigenschaften und Qualifikationen gerade dann auf Arbeitssuche ist, wenn ein Unternehmen eine offene Stelle hat, ist zu gering. Digitale Stars sind daher dazu übergegangen, zu jeder Zeit und an jedem Ort geeignete potenzielle Mitarbeitende anzuwerben.

8. Netflix trug mit seinem Angebot dazu bei, dass der traditionelle Fernsehkonsum vor allem in den USA[47] zurückging. Das Unternehmen hat einen neuen Ansatz entwickelt, mit der wachstumsbedingten Komplexität umzugehen. Wachstum ist aus wirtschaftlicher Sicht attraktiv, aber sie führt auch dazu, dass die Dinge, die sich vormals in einer kleineren Firma ganz von alleine koordiniert und geregelt haben, so nicht mehr funktionieren. Daher droht mit zunehmendem Wachstum immer auch Chaos. Die meisten Firmen setzen zur Vermeidung von fehlender Ordnung darauf, Regeln und Prozesse einzuführen oder die bürokratischen Abläufe zu verschärfen. Netflix zufolge verhindern diese Maßnahmen Chaos zwar effizient, aber sind gleichzeitig Gift für die unternehmerisch und innovativ denkenden Mitarbeitenden, die den Erfolg ausmachen. Netflix löste das Dilemma, indem die Organisation nur „fully formed adults" einstellt, die in der Lage sind, weitreichende Entscheidungen zu treffen. So lautet die Spesenrichtlinie bei Netflix lediglich: „Handeln Sie in Netflix' bestem Interesse."[48] Auch weitere Entscheidungen, etwa die Anschaffung von Büromaterial, Dienstreisen oder Arbeiten im Homeoffice sind weitgehend den Mitarbeitenden selbst überlassen. Diese Maßnahmen sind flankiert von hohen Löhnen. Sie richten sich nach Leistung, Regeln übertragen vielfach den Mitarbeitern Eigenverantwortung und kontinuierliches 360-Grad-Feedback ist an der Tagesordnung.[49]

9. Die Firma Zappos ist wie die meisten digitalen Stars sehr wählerisch in der Rekrutierung und stellt nur wenige Bewerber/-innen nach einem langen Auswahlprozess, der sich über Monate hinziehen kann, ein. Wenn Zappos ein Toptalent eingestellt hat, macht Zappos dieser Person in der Probezeit folgendes Angebot:

---

46 https://www.pageuppeople.com/resource/sourcing-for-talent-posting-and-praying-is-not-a-strategy/ (abgerufen am 8.09.21).
47 https://www.investopedia.com/articles/investing/060815/how-netflix-changing-tv-industry.asp (abgerufen am 15.09.21).
48 https://www.huffpost.com/entry/hire-only-fully-formed-ad_b_10361688 (abgerufen am 8.09.21).
49 https://www.slideshare.net/reed2001/culture-1798664/120-Career_Planning_Not_for_Us (abgerufen am 8.09.21).

„Wir zahlen dir 2000$, wenn du Zappos wieder verlässt." Facebook zahlt beispiels-
weise Praktikanten einen Signing Bonus in Höhe von bis zu 100.000$, wenn sie als
Software Entwickler im Unternehmen einsteigen.[50] Warum macht Zappos das also?
Ganz einfach – Zappos will wissen, ob die Menschen wirklich bei ihnen arbeiten
wollen, da sie nur solche Mitarbeitenden einstellen wollen. Deswegen macht es
Zappos künstlich ein wenig schwerer. Das ist, als biete man seinem Lebenspartner
an, ihm 10.000 Euro zu geben, wenn er sich trennt – wer da schon überlegt, der
nimmt die günstige Gelegenheit wahr. Zappos vertritt die Meinung, dass sie zwar
Qualifikation testen, aber den Bewerber/-innen nicht ins Herz schauen können.[51]

10. Die Firma Etsy betrachtet Fehler, die gemacht oder beinahe gemacht worden
sind als relevante kritische Daten. Diese Daten will Etsy unbedingt haben, um sie
in die Organisation einzubeziehen und zu verarbeiten. Daher ist jeder aufgefordert, über Fehler, die gemacht oder beinahe gemacht worden sind, zu berichten
und die Person mit dem originellsten oder überraschendsten Fehler wird einmal
im Jahr auf einer Organisationsfeier prämiert.

Ein wichtiger Teil der Organisationsstrukturen und -prozesse sind die Messung
und das Management von Leistung, was insbesondere in wissensintensiven Kontexten eine große Herausforderung darstellt. Die Management-Kontroll-Theorie
von Ouchi 1979 stellt die These auf, dass es nur drei Möglichkeiten gibt, Leistung
im Organisationskontext zu kontrollieren und zu messen (vgl. Abb. 6.5). Output-
Kontrolle, Prozess-Kontrolle und Input-Kontrolle. Die Output-Kontrolle eignet sich
nach der Management-Kontroll-Theorie immer dann, wenn das Ergebnis einer
Leistung gut messbar ist und wenn man es einer Person zuordnen kann und
wenn nicht klar ist, welche Handlungen zu welchen Ergebnissen führen.
    Prozesskontrolle bietet sich immer dann als Steuerungsform an, wenn der
transformative Prozess präzise nachvollziehbar ist, d. h. die Verbindung zwischen
Handlungen und Ergebnissen offen liegt. Beispiele hierfür sind Checklisten, die ab-
zuarbeiten sind, bevor ein Flugzeug starten darf oder die während einer OP beachtet
werden müssen. Die Input-Kontrolle kommt zum Einsatz, wenn weder das Ergebnis
gut messbar noch ein guter Einblick in den transformativen Prozess möglich ist.
    Die Output-Kontrolle ist immer dann einzusetzen, wenn sich ein Ergebnis
messen und zuordnen lässt, hier ist sie unübertroffen zur Steuerung von Verhal-

---

50 https://medium.com/@teamblind/these-tech-companies-give-the-largest-signing-bonuses-
9053041d1008 (abgerufen am 15.09.21).
51 https://www.zippia.com/employer/zappos-hiring-for-culture-and-the-bizarre-things-they-do/
(abgerufen am 8.09.21).

Grundlegende Möglichkeiten Leistung zu messen und zu kontrollieren

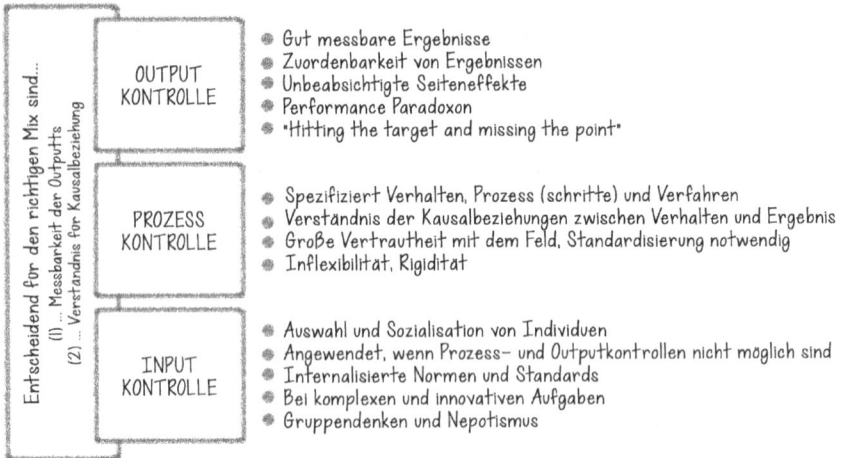

Entscheidend für den richtigen Mix sind... (1) ... Messbarkeit der Outputs (2) ... Verständnis für Kausalbeziehung	OUTPUT KONTROLLE	● Gut messbare Ergebnisse ● Zuordenbarkeit von Ergebnissen ● Unbeabsichtigte Seiteneffekte ● Performance Paradoxon ● "Hitting the target and missing the point"
	PROZESS KONTROLLE	● Spezifiziert Verhalten, Prozess (schritte) und Verfahren ● Verständnis der Kausalbeziehungen zwischen Verhalten und Ergebnis ● Große Vertrautheit mit dem Feld, Standardisierung notwendig ● Inflexibilität, Rigidität
	INPUT KONTROLLE	● Auswahl und Sozialisation von Individuen ● Angewendet, wenn Prozess- und Outputkontrollen nicht möglich sind ● Internalisierte Normen und Standards ● Bei komplexen und innovativen Aufgaben ● Gruppendenken und Nepotismus

Abb. 6.5: Drei Einflussmöglichkeiten nach der Management-Kontroll-Theorie.
Quelle: Eigene Darstellung, nach: Osterloh (2010), Ouchi (1979).

ten. Wann immer dies allerdings nicht zutrifft (und das ist leider meistens der Fall bei der Beurteilung von Management-Leistung), muss man bei der Output-Kontrolle eine Reihe von Herausforderungen bewältigen. Zum einen sind das unbeabsichtigte Nebeneffekte und das sogenannte Performance-Paradoxon, das sich zusammenfassen lässt in der Aussage „hitting the target and missing the point" (zitiert nach Osterloh, 2010). Die Prozess-Kontrolle hat den Nachteil, dass präzises Wissen über die Kausalbeziehung nötig ist, welches Verhalten zu welcher Leistung und welchem Ergebnis führt. Wird Prozesskontrolle als Managementsteuerung eingesetzt, muss man mit dem betreffenden Arbeitsbereich sehr vertraut sein. Ein weiterer, großer Nachteil der Prozesskontrolle liegt in ihrer Inflexibilität und starken Rigidität.

7 Innovation und Kreativität

Den digitalen Stars werden viele bahnbrechende Innovationen zugeschrieben: Internet-Suchmaschinen (Google), digitale soziale Medien (Twitter, Facebook), das Smartphone (Apple, Samsung) und digitale Plattformen aller Art (Amazon, Apple App-Store, Uber, Airbnb). Viele dieser Innovationen, die unseren Alltag stark prägen und tiefgreifend verändert haben, entspringen häufig den Hightech-Unternehmen aus dem Silicon Valley. Doch wie entstehen Innovationen? Lassen sich dieser Prozess und die dafür nötige Kreativität in Unternehmen standardisieren? Gibt es so etwas wie ein Erfolgsrezept für (digitale) Innovation?

Was verstehen wir unter Innovation und Kreativität?

Eine aktuelle und oft zitierte wissenschaftliche Definition der US-amerikanischen Autoren Anderson, Potočnik und Zhou (2014, S. 1297–1333, Übersetzung durch die Autor/-innen) lautet wie folgt:

> Kreativität und Innovation im Unternehmenskontext bezeichnen Prozesse, Ergebnisse und Produkte von Bestrebungen, neue und verbesserte Ansätze zu entwickeln und einzuführen. Die Kreativitätsphase dieses Prozesses bezieht sich auf die Ideengenerierung, während sich Innovation auf die nachfolgende Phase der Ideenimplementierung in verbesserten Verfahren, Praktiken oder Produkte bezieht.

Kreativität kann also als eine Voraussetzung für Innovation gesehen werden. Die Autoren fügen hinzu, dass Kreativität und Innovation auf verschiedenen Ebenen auftreten. Konkret betrifft das die Ebene des Individuums, des Teams, der Organisation oder mehrere Ebenen gleichzeitig. Es ist also wichtig, diese beiden Phänomene auf unterschiedlichen Ebenen zu betrachten: Kreativität und Innovation auf der Individuumsebene ist nicht gleichzusetzen mit der Team- oder Organisationsebene, denn die Voraussetzungen für Kreativität und Innovation auf den verschiedenen Ebenen können variieren.

So macht beispielsweise eine Ansammlung von vielen verschiedenen hochkreativen Individuen noch lange kein innovatives Team aus – genauso wenig wie eine Ansammlung von Star-Fußballspielern eine hocherfolgreiche Mannschaft ausmacht. Damit Kreativität auf der Teamebene in Innovationen mündet, müssen auch weitere Faktoren berücksichtigt werden, wie ausreichende organisationale Ressourcen (z. B. Bereitstellung von ausreichend Zeit, Finanzmitteln oder persönlicher Unterstützung), ein „sicheres" psychologisches Teamklima (d. h. das Wissen, dass man Ideen frei äußern kann ohne das Risiko negativer Konsequenzen für den eigenen Status, Karriere oder Ansehen einzugehen – ein Konzept, das im Innovationskonzept von Google eine entscheidende Rolle spielt) und politische „Skills" und Networking (z. B. um für die Team-Idee zu werben, sodass Führungskräfte und Entscheider überzeugt werden).

https://doi.org/10.1515/9783110562989-007

Wie unschwer zu erkennen ist, werden also weit mehr als „einfach nur kreative Köpfe" benötigt, um – vor allem auch langfristig und kontinuierlich – Innovationen hervorzubringen.

Betrachten wir jedoch die Individuumsebene genauer, so lässt sich feststellen, dass die bisherige Forschung zentrale Faktoren, die zu Kreativität führen, recht gut untersucht hat. Beispielsweise betrachteten Liu und Kollegen in einer Meta-Analyse aus dem Jahr 2016, welche motivationalen Mechanismen zu höherer Kreativität bei Mitarbeitenden in Unternehmen führen. Die Wissenschaftler aggregierten hierfür alle verfügbaren empirischen Arbeiten (d. h. empirische „Primärstudien"), die die entsprechenden Faktoren untersuchten, um herauszufinden, ob ein Effekt der Faktoren vorliegt und wie groß der Effekt ist (vgl. Abb. 7.1).

Die Autoren konnten zeigen, dass die Faktoren
- „Arbeitsautonomie" (d. h., wie frei von Vorgaben oder Beschränkungen man sich bei der Verrichtung seiner Arbeitsaufgaben fühlt),
- „Offenheit für Erfahrungen" (d. h. die Tendenz einer Person, sich mit neuen oder unbekannten Ereignissen oder Erfahrungen zu beschäftigen)
- „Arbeitskomplexität" (d. h., wie komplex und herausfordernd die eigene Arbeit ist)
- „Gewissenhaftigkeit" (d. h. die Tendenz einer Person, viel Wert auf hohe Genauigkeit, Organisiertheit und Kontrolle zu legen) und
- „unterstützende Führung" (d. h., wie sehr sich Mitarbeitende von der eigenen Führungskraft in der Arbeit unterstützt fühlen)

sich positiv auswirken.

Diese Faktoren fördern die
- intrinsische Motivation der Mitarbeitenden (d. h. die Tendenz einer Person, eine Tätigkeit, um der Tätigkeit selbst willen, also nicht aufgrund eines äußeren Anreizes, zu verrichten),
- kreative Selbstwirksamkeit (d. h. die Überzeugung einer Person, kreative Ergebnisse oder Handlungen erzielen zu können) und
- prosoziale Motivation (d. h. die Neigung einer Person, einer Tätigkeit nachzugehen, die anderen Personen nützt oder für diese hilfreich ist).

Die letzten drei Faktoren wirken sich wiederum positiv auf die individuelle Kreativität aus.[52]

---

[52] Diese Ergebnisse wurden hervorgebracht durch eine Aggregation von 191 unabhängigen Stichproben aus empirischen Studien, bei denen insgesamt über 51.000 Personen teilgenommen haben – man kann die Erkenntnisse also durchaus als robust bezeichnen, vor allem im Vergleich zu den Ergebnissen einer einzelnen Studie mit einer bestimmten Stichprobe.

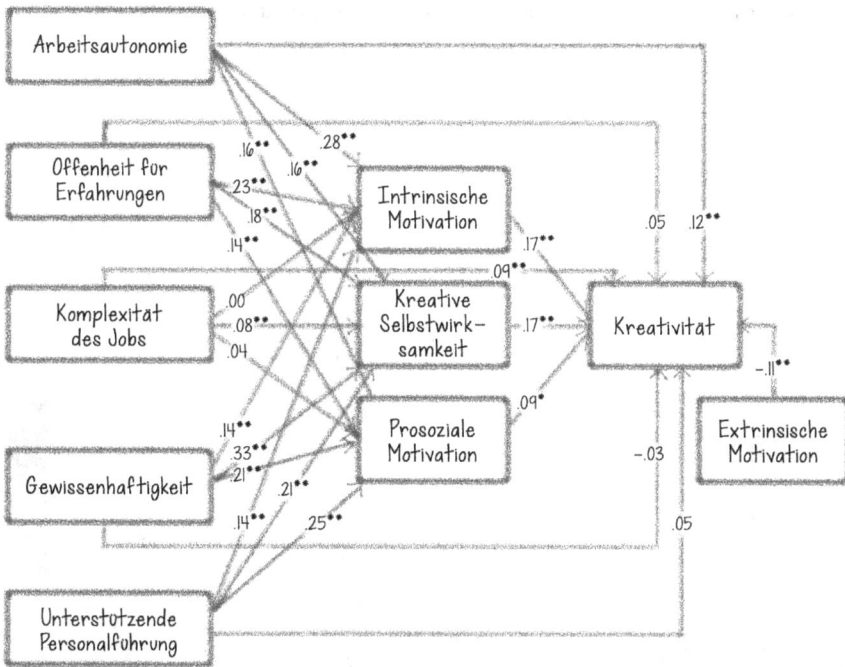

Abb. 7.1: Prädiktoren von Kreativität.
Quelle: Eigene Darstellung, nach: Liu et al. (2016).

Hinsichtlich der Entwicklung von Kreativität und Innovation auf der Unternehmensebene sind weitere Faktoren und deren Auswirkungen zu untersuchen. Zentrale Faktoren wurden bereits in einer theoretischen Arbeit von Woodman und Kollegen aus dem Jahr 1993 herausgearbeitet. Sie nehmen an, dass

– individuelle Faktoren (z. B. Kognitionen, Persönlichkeit, intrinsische Motivation und Wissen – also ganz analoge Faktoren wie von Liu und Kollegen (2016) untersucht),
  Gruppenmerkmale (z. B. Gruppennormen, Zusammenhalt, Gruppengröße, Diversität, Rollenverteilung usw.) und
– organisationale Merkmale (z. B. Organisationskultur, Ressourcen, Vergütungssystem, Unternehmensstrategie usw.)

einander gegenseitig beeinflussen.

Sie machen kreatives Verhalten sowie einen Kontext (oder eine Situation) aus, die Kreativität fördert oder hindert (vgl. Abb. 7.2). Gemeinsam ergeben diese Faktoren wiederum die Kreativität auf Organisationsebene. Es zeigt sich also auch hier, dass kreatives Vermögen auf unterschiedlichen Ebenen gesehen werden muss und weit mehr als nur das Vorhandensein kreativer Individuen zu Kreativität in Organisationen führt.

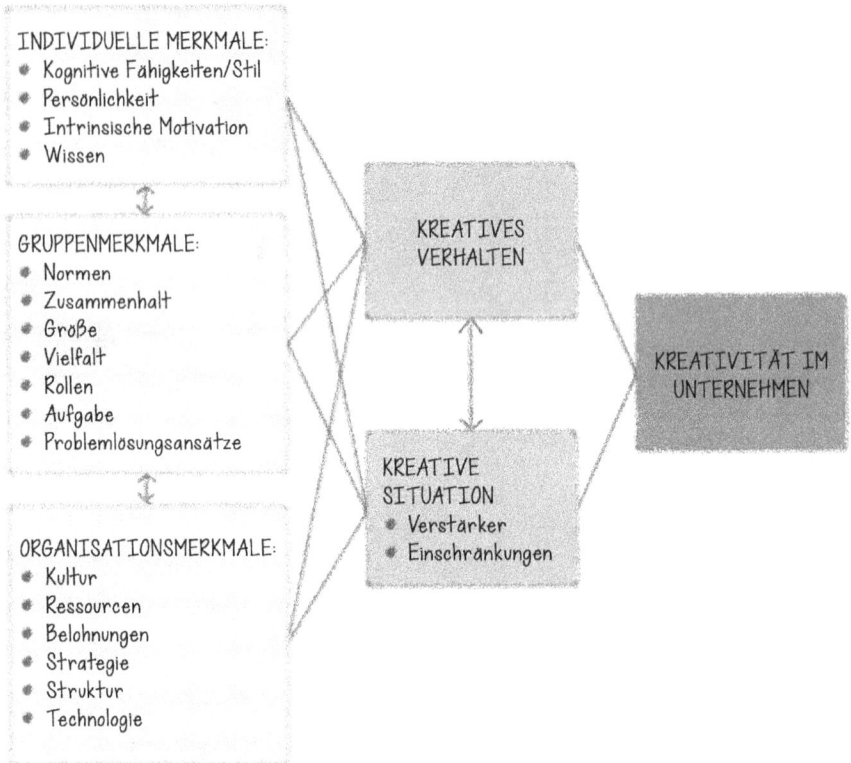

Abb. 7.2: Individuelle Team- und Organisationsmerkmale beeinflussen Kreativität in Unternehmen. Quelle: Eigene Darstellung, nach: Woodman, Sawyer & Griffin (1993).

Verfügt ein Unternehmen über ausreichende Voraussetzungen auf den unterschiedlichen Ebenen, so ist damit noch nicht gesagt, dass sie tatsächlich zu Innovation führen. Daher stellt sich die Frage nach der Beziehung von Kreativität und Innovation. Sarooghi und Kollegen (2015) sammelten zu diesem Thema 52 Stichproben mit mehr als 10.000 Beobachtungen, um den Zusammenhang zwischen Kreativität und Innovation zu testen (vgl. Abb. 7.3).

Die Ergebnisse zeigen, dass der Zusammenhang zwischen Kreativität und Innovation auf der Organisationsebene insgesamt mit dem Korrelationskoeffizienten r=.46 beziffert werden kann. Dieser Wert wird üblicherweise als ein „mittlerer" Zusammenhang interpretiert. Laut Cohen (1988) stellt ein Korrelationskoeffizient von. 10

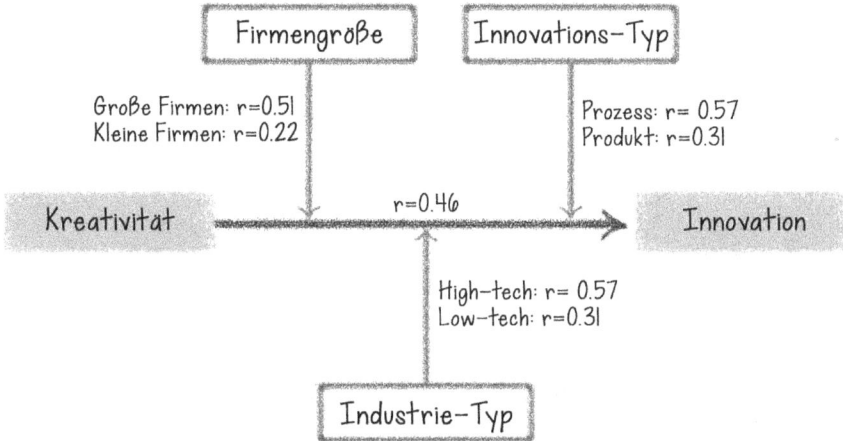

Abb. 7.3: Der Zusammenhang zwischen Kreativität und Innovation.
Bem.: r: Korrelationskoeffizient.
Quelle: Eigene Darstellung, nach: Sarooghi, Libaers & Burkemper (2015).

einen „schwachen" oder „kleinen" Zusammenhang dar, während ein Korrelationskoeffizient von .30 als „mittlerer" Zusammenhang interpretiert wird; ein Korrelationskoeffizient von .50 oder höher wird als „starker" oder „großer" Zusammenhang interpretiert.

Dieser mittelgroße Zusammenhang gilt jedoch nur, wenn man den Zusammenhang über verschiedene Unternehmensgrößen und Branchen hinweg betrachtet. Untersucht man den Zusammenhang spezifisch für größere Unternehmen im Verhältnis zu kleineren, so zeigt sich, dass der Zusammenhang zwischen Kreativität und Innovation für größere Unternehmen höher ist (r=.51) als für kleinere Unternehmen (r=.22). Die Autoren der Studie begründen diese unterschiedlichen Zusammenhänge damit, dass größere Unternehmen über mehr Ressourcen verfügen und ihre Forschungsfähigkeiten und Produkt- und Prozessentwicklungserfahrungen größer sind als bei kleineren. Daher sind sie besser in der Lage, kreative Ideen in innovative Prozesse oder Produkte zu verwandeln.

Laut den Studienergebnissen spielt auch die Art der Innovation eine Rolle für den Zusammenhang zwischen Kreativität und Innovation. So ist der Zusammenhang größer für Prozessinnovationen (r=.57) als für Produktinnovationen (r=.31). Dies ist unter anderem deswegen der Fall, da bei Produktinnovationen externe Umstände und Bedingungen eine große Bedeutung haben (z. B. Kundenwünsche, Bedingungen und Möglichkeiten von Lieferanten), während Prozessinnovationen zu einem größeren Teil von intern steuerbaren Voraussetzungen und Bedingungen abhängen und daher bei Letzteren die Konversion von Kreativität zu Innovation insgesamt „reibungsfreier" verläuft.

Schließlich zeigt die Studie auch unterschiedliche Zusammenhänge je nach Branche. In Hightech-Branchen (z. B. Luft- und Raumfahrt, Biotechnologie, Hardwareherstellung, Mikroelektronik oder Softwareentwicklung) findet sich ein stärkerer Zusammenhang zwischen Kreativität und Innovation als in Lowtech-Branchen (z. B. Werbung, landwirtschaftliche Verarbeitung, Bildung, Kommunalwirtschaft oder Straßengüterverkehr). Dies wird von Sarooghi und Kollegen unter anderem damit begründet, dass in Hightech-Branchen schnelle Innovationsfähigkeit wichtiger ist und daher mehr Kapazitäten und Fähigkeiten für sie vorhanden sind.

Zusammenfassend zeigt sich also, dass Kreativität und Innovation auf unterschiedlichen Ebenen betrachtet werden müssen, und dass es zwischen Kreativität und Innovation Barrieren gibt, die durch eine entsprechende Ausrichtung der Organisation behoben werden müssen, um eine erfolgreiche Konversion zu erreichen. Die Frage nach einer kontinuierlichen Sicherstellung von Kreativität und Innovation durch eine entsprechende Ausrichtung zieht die Überlegung nach sich, ob und wie sich die „Erzeugung" beider Phänomene „standardisieren" lässt. Können also Kreativität und Innovation geplant und aus strukturierten Programmen heraus erfolgen?

Bezüglich der Standardisierung gibt es bereits viele gängige Innovationsmethoden: Design Thinking, agile Innovation (z. B. Scrum), Open Innovation oder User Innovation sollen „sicherstellen", dass Unternehmen neue Produkte, Dienstleistungen oder Geschäftsmodelle am laufenden Band erzeugen. Nutzen die digitalen Stars also besonders viele dieser im Trend liegenden Methoden?

In einer Analyse der TU München (Vaida, 2016) zeigt sich überraschenderweise, dass sich die digitalen Stars hinsichtlich der Häufigkeit, die oben genannten Methoden einzusetzen, nicht von einer Stichprobe von traditionellen Konzernen unterscheiden. Lediglich Design Thinking wurde bei den digitalen Stars weniger häufig eingesetzt. Interessanterweise wurden jedoch auch traditionelle Innovationsmethoden von den digitalen Stars weniger oft eingesetzt als von der Stichprobe mit etablierten Unternehmen.

Obwohl die digitalen Stars diese Innovationsmethoden nicht unbedingt in höherem Ausmaß einsetzen als andere erfolgreiche Unternehmen, lässt sich doch einiges von ihnen in Hinblick auf die Organisation und Strukturierung von Kreativität und Innovation lernen. Als Stichwörter können hier Agilität, Experimentierkultur und „Waste-Repellent Culture" (s. u.) dienen, wie sie beispielsweise vom Musik-Streaming-Dienst Spotify im Rahmen seiner agilen Innovationsmethoden genutzt werden.[53]

---

53 https://labs.spotify.com/2014/03/27/spotify-engineering-culture-part-1/ https://labs.spotify.com/2014/09/20/spotify-engineering-culture-part-2/ (abgerufen am 19.01.2022).

Obwohl unter Agilität durchaus die gängigen Methoden aus dem Scrum-Framework verstanden werden, setzt Spotify – wie viele digitale Stars – jedoch nicht dogmatisch auf die „korrekte", also rigide Durchführung dieser Methoden. Dies war bei Spotify allein durch die wachsende Anzahl an Mitarbeitenden und Teams nicht mehr möglich. Vielmehr geht es bei dieser Organisation darum, tatsächlich agil zu handeln, beispielsweise, indem Teams weitreichende Autonomie erhalten. So sind sie cross-funktional zusammengesetzt, autonom organisiert und ganzheitlich für eine bestimmte Funktion der Musik-Streaming-App zuständig. Abbildung 7.4 illustriert einige agile Prinzipien bei Spotify.

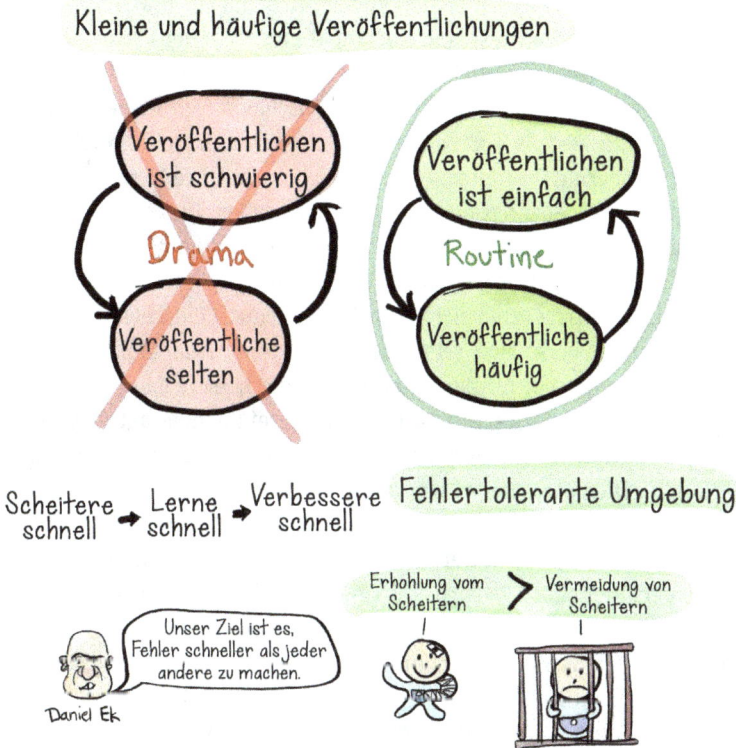

Abb. 7.4: Visualisierung von Organisationsregeln der Firma Spotify.
Quelle: Eigene Darstellung, nach: Spotify (2014a), Spotify (2014b).

Die Teams können autonom entscheiden, wie genau sie ihr Ziel erreichen und welche Methoden – bis hin zur Programmiersprache – sie hierfür verwenden. So können sie den besten Weg für bestimmte Aufgaben identifizieren und nutzen. Ausmaß an Autonomie ist nicht mit dem zu vergleichen, das üblicherweise in

herkömmlichen Unternehmen – auch im IT-Sektor – gewährt wird. Hier geht es
also nicht darum, sich „sklavisch" an einen bestimmten „agilen Prozess" zu halten
(dies wäre wiederum recht rigide und würde die Idee der Agilität unter Umständen
sogar konterkarieren), sondern ganz im Geiste des Prinzips der Agilität tatsächlich
agil zu handeln, selbst wenn das konkrete Vorgehen dann beispielsweise die nieder-
geschriebenen Vorgehensweisen der agilen Methode „Scrum" verletzt.

Innovation bringen die digitalen Stars auch durch gezielte und geplante Experimente hervor. Große Unternehmensberatungen verdienen an digitalen Stars
so gut wie kein Geld, weil die betreffenden Organisationen die eigene Unterneh-
mensentwicklung lieber durch Experimente und aufgrund von eigenen empirischen Daten voranbringen. Insofern zählen weder Autorität noch Meinung oder
das Ego, sondern Empirie, Ergebnisse und Rückmeldungen aus der Praxis.

Diese Erkenntnis spiegelt sich auch beim Prinzip der Experimentierkultur bei
Spotify wider (vgl. Abb. 7.5). Üblicherweise werden Entscheidungen in vielen Unternehmen – überspitzt dargestellt – nach der Meinung des hierarchisch höchsten
Teammitglieds, eines Steering Committees oder der Person, die ihre Meinung am ge-
schicktesten während eines Meetings platzieren kann, getroffen. Dies führt natürlich
nicht immer dazu, dass auch die beste Entscheidung gefällt und umgesetzt wird. Bei
Spotify werden Entscheidungen überwiegend datengetrieben getroffen. Dieser fast
schon wissenschaftliche Ansatz ermöglicht es, bei anstehenden Entscheidungen Hy-
pothesen zu bilden und zu versuchen, relevante Daten aus der Realität zu sammeln,
um zu entscheiden, welcher Weg für das Unternehmen der bessere ist.

Das bedeutet, dass konkurrierende Annahmen (vereinfacht gesagt Player-Design A vs. Player-Design B) online an bestimmten, zufällig ausgewählten Nutzern
des Musik-Streaming-Dienstes getestet werden (A/B-Testung). Führt das Design A
zu höheren Klickzahlen oder zu verbesserter Nutzerfreundlichkeit, wird es flä-
chendeckend ausgerollt und somit bei allen Nutzern angezeigt. Diese Entscheidung fußt auf experimenteller Überprüfung und wird als valider angesehen als
eine Bauchentscheidung oder die Entscheidung einer Teamleitung.

Natürlich können nicht alle Unternehmen eine solche Vorgehensweise wählen. Beispielsweise spielen bei Maschinenbauunternehmen sicherheitsrelevante
Aspekte eine Rolle oder ein Material ist zu teuer, um es bei Experimenten zu „ver-
schwenden". Allerdings kann die grundsätzliche Vorgehensweise, Optionen expe-
rimentell zu überprüfen, in vielen Kontexten umgesetzt werden.

Zwei Teams in einem Großkonzern werden zufällig in zwei Gruppen A und B aufgeteilt. Bei der
Gruppe A werden Meetings nach bestimmten neuen Prinzipien gestaltet: Man trifft sich nur im Stehen
oder maximal für 30 Minuten, während bei der Gruppe B alles beim Alten bleibt. Nach einer festgelegten Anzahl an Monaten wird mittels eines Fragebogens die Zufriedenheit mit den Meetings, die
wahrgenommene Produktivität oder die tatsächliche Produktivität (z. B. bei Sales-Teams die Anzahl

verkaufter Produkte bzw. Dienstleistungen) erfasst. Die Fragebogenergebnisse der beiden Gruppen werden verglichen, um zu ermitteln, ob die neuen Meeting-Prinzipien tatsächlich besser sind und zu produktiveren Ergebnissen führen.

Schließlich ist die „Waste-Repellent Culture" ein bemerkenswertes Element in Spotifys Kreativitäts- und Innovationsansatz (vgl. Abb. 7.5). Sie bezeichnet die konsequente Eliminierung von Praktiken, Prozessen und Tools, die sich als nicht sinnvoll erwiesen haben. In vielen Unternehmen werden neue Vorgehensweisen und Instrumente eingeführt und laufen parallel nebeneinander. Manche von diesen führen langfristig dann oft ein „Karteileichen-Dasein" – sie existieren formal, werden – wenn überhaupt noch – nur von einigen wenigen Mitarbeitenden genutzt. Die „Kultur" der Abschaffung von Überflüssigem von Spotify sorgt dafür, dass sich als für das Unternehmen unbrauchbar erwiesene Praktiken und Tools komplett entsorgt werden. So wird die parallele Existenz unterschiedlicher wenig bis kaum genutzter Instrumente vermieden. Bei Spotify gehörten beispielsweise Aufgabenabschätzungen, Zeitberichte, unnötige Meetings und Übergaben dazu. Hingegen haben sich Retrospektiven, tägliche Stand-ups und Google-Dokumente als nützlich erwiesen und werden entsprechend beibehalten.

Abb. 7.5: Organisationsregeln von Spotify.
Quelle: Eigene Darstellung, nach: Spotify (2014).[54]

---

54 https://labs.spotify.com/2014/09/20/spotify-engineering-culture-part-2/ (abgerufen am 8.09.21).

Diese Elemente sind Teil einer kreativitäts- und innovationsfreundlichen Unternehmenskultur, die – ganz im Sinne von Kreativität und Innovation – selbst Prozesse wie Design Thinking oder agile Methoden nicht als in Stein gemeißelt sieht, sondern auch mit diesen Instrumenten schöpferisch umgeht und nicht davor zurückschreckt, diese für den jeweiligen Zweck oder die jeweilige Organisation anzupassen. In diesem Sinne können Unternehmen von diesen Beispielen lernen, dass Kreativität und Innovation Autonomie, Freiräume und das systematische Experimentieren (nicht das undurchdachte oder unsystematische Ausprobieren, das häufig als Experimentier- oder Fehlerkultur missverstanden wird) erfordern. Selbstverständlich gibt es jedoch kein konkretes „Patentrezept" für Kreativität und Innovation, das in jedem Unternehmen hundertprozentig funktioniert. Die genannten Beispiele können etablierte Organisationen inspirieren, die dahinterliegenden abstrakten Prinzipien (z. B. Autonomie, Experimentierkultur) vor dem Hintergrund ihres konkreten Kontexts zu reflektieren und in der Praxis Anpassungen vorzunehmen.

8 Organisationale Defaults

Auf die Frage, wie Führungskräfte ihre Organisation erfolgreich für digitale Transformationen vorbereiten können, werden viele Möglichkeiten diskutiert. Die aus unserer Sicht wirkungsvollste und auch von digitalen Stars oftmals genutzte Methode besteht darin, die sogenannten Defaults mit Bedacht zu bestimmen, also die Normalzustände und die Ausnahmen festzulegen. Die Wirkmächtigkeit von Defaults zeigt die Forschung eindrucksvoll auf. So zum Beispiel erklären Defaults, warum Österreicher fast zu 100 Prozent bereit sind, im Falle eines Hirntods ihre Organe zu spenden, während es in Deutschland nur knapp 12 Prozent der Bürger sind, obwohl sich beide Länder örtlich und kulturell nahe sind (vgl. Abb. 8.1).

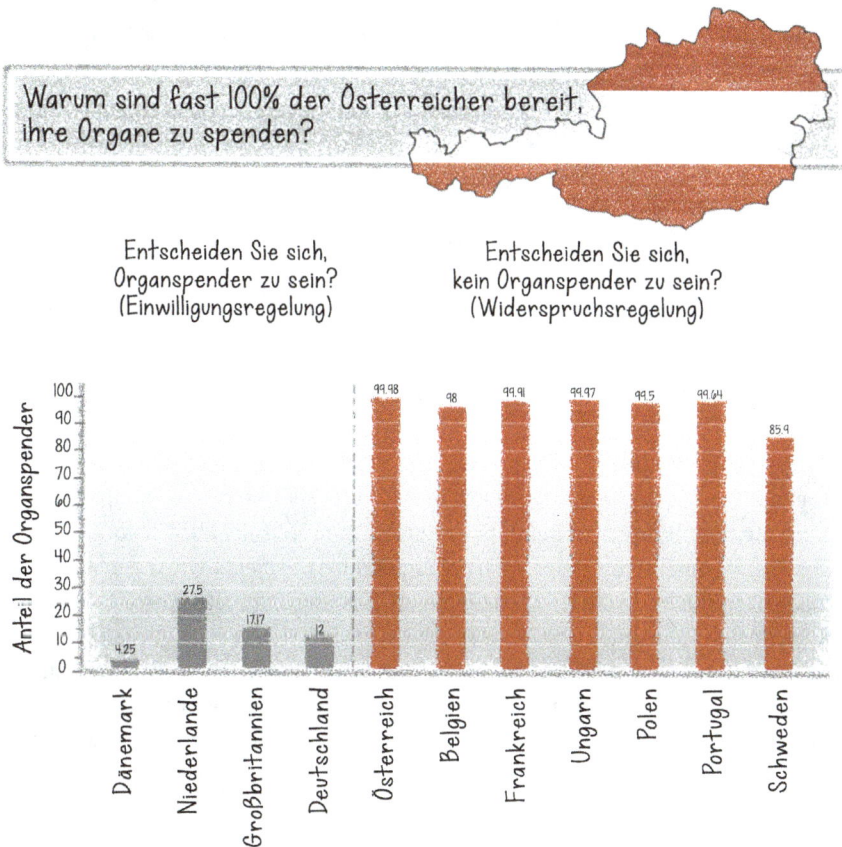

Abb. 8.1: Default-Setzung kann Leben retten am Beispiel der Nachbarländer.
Quelle: Eigene Darstellung, nach: Johnson & Goldstein (2003).

https://doi.org/10.1515/9783110562989-008

In Österreich ist es die Regel, sich aktiv gegen etwas auszusprechen, während in Deutschland aktives Ja-Sagen die Regel ist. Beide Länder haben unterschiedliche „Defaults" in Bezug auf Organspende. Die Unterschiede im Verhalten, die solche Defaults bewirken, wurden von Johnson und Goldstein (2003) untersucht. Auch Organisationen der digitalen Stars nutzen die Defaults, um die Organisation zu steuern und sicherzustellen, dass Agilität gewährleistet ist (vgl. Abb. 8.2).

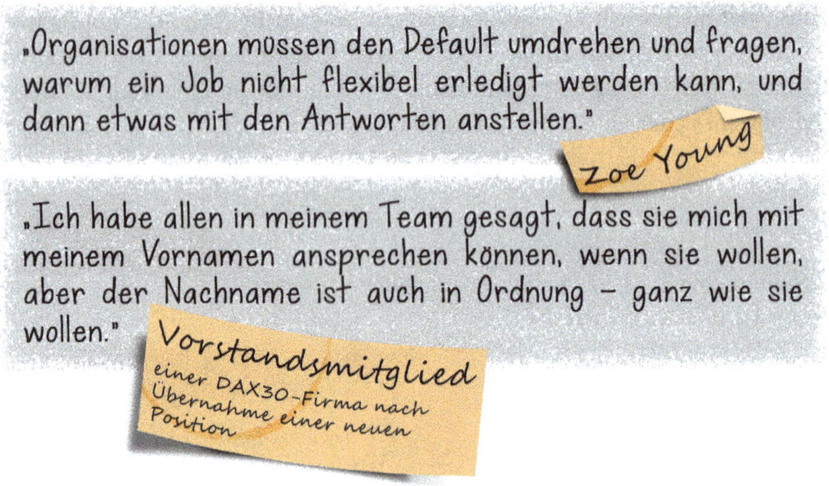

„Organisationen müssen den Default umdrehen und fragen, warum ein Job nicht flexibel erledigt werden kann, und dann etwas mit den Antworten anstellen."
Zoe Young

„Ich habe allen in meinem Team gesagt, dass sie mich mit meinem Vornamen ansprechen können, wenn sie wollen, aber der Nachname ist auch in Ordnung – ganz wie sie wollen."
Vorstandsmitglied einer DAX30-Firma nach Übernahme einer neuen Position

Abb. 8.2: Beispiele für Default-Setzung.
Quelle: Eigene Darstellung, nach: Zoe Young (2018),[55] Vorstandsmitglied einer DAX-30 Firma.

So wurde zum Beispiel Spotify, das erfolgreichste europäische Startup der letzten Jahre, mit fast vierzig Milliarden Euro bewertet.[56] Das Unternehmen gibt an seine Mitarbeitenden bestimmte Defaults weiter. So zum Beispiel wird betont, dass im Zweifel die Gemeinschaft der Mitarbeitenden eines Projekts wichtiger ist als die formale Struktur oder die Hierarchie, die im Organigramm festgelegt ist. Das heißt bei Spotify: Gemeinschaft ist wichtiger als Struktur. Dies soll ermöglichen, dass sich Mitarbeitende ungeachtet ihrer formalen Beauftragung einbringen und zusammenarbeiten können. Ein weiterer Default, den Spotify festlegt, lautet: Vertrauen ist wichtiger als Kontrolle (vgl. Abb. 8.3). Erst wenn der begründete Verdacht besteht, dass das Vertrauen missbraucht wird, soll Kontrolle eingesetzt werden. Die Organisation

55 Zoe Young (2018): https://www.kcl.ac.uk/news/leaning-in-is-not-enough-it-is-workplaces-not-women-that-need-to-change (abgerufen am 8.09.21).
56 https://www.finanzen.net/aktien/spotify-aktie (abgerufen am 8.09.21).

begründet diese Einstellung damit, dass für Agilität im großen Stil auch Vertrauen im großen Stil unerlässlich ist. Insbesondere dann, wenn es sich um berechtigtes Vertrauen in Mitarbeitende handelt, ist eine Organisation derjenigen überlegen, in der eine Kultur des Misstrauens herrscht. Ohne Vertrauen verlaufen Prozesse deutlich langsamer bis hin zum Stillstand.

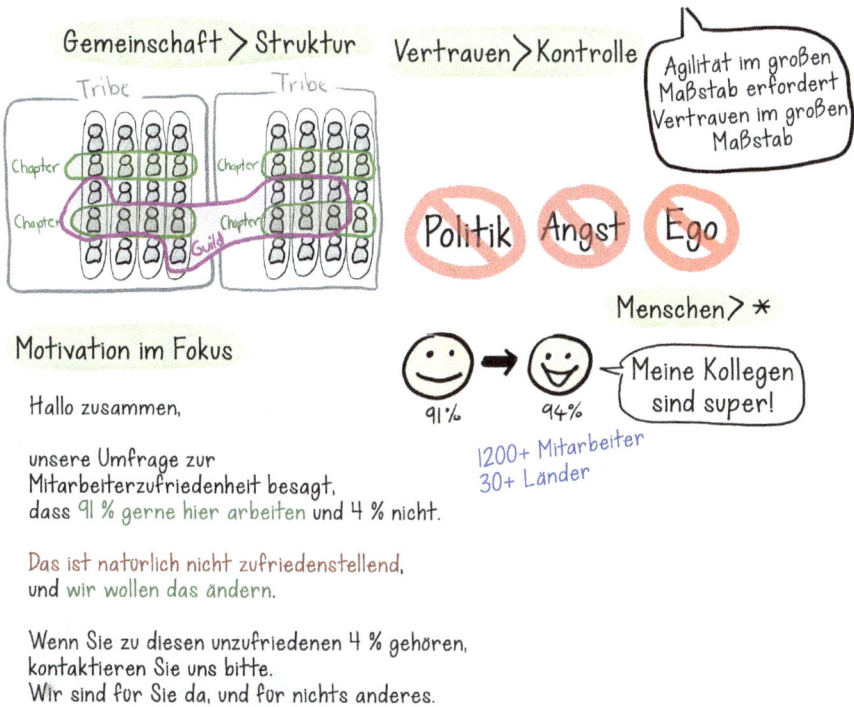

Abb. 8.3: Vertrauen ist ein wichtiger Eckpfeiler in Spotify's Organisationsdesign. Quelle: Eigene Darstellung, nach: Spotify (2014).[57]

Weiterhin gilt bei Spotify: Im Zweifel ist Chaos besser als zu viel Bürokratie (vgl. Abb. 8.4). Beides ist nicht gut, da es die Produktivität hemmt, aber im Zweifel ist es besser für Führungskräfte, etwas mehr Chaos als zu viel Bürokratie zuzulassen, da somit Innovation und „out of the box" Denken ermöglicht wird und es bei Spotify nicht um Leben oder Tod geht wie beispielsweise bei Airbag-Software. Der Ausweg, sowohl Chaos als auch Bürokratie zu vermeiden, lautet Agilität. Agiles Management erlaubt Unternehmen, in einem abgesteckten Rahmen neue Ideen

57 https://labs.spotify.com/2014/03/27/spotify-engineering-culture-part-1/ (abgerufen am 8.09.21).

auszuprobieren und umzusetzen und situationsadäquat zu reagieren. Spotify setzt einen Standard, der auch von vielen digitalen Stars genutzt wird: Ziel ist, eine experimentierfreudige Kultur zu schaffen, in der Experimente ein wesentlicher Bestandteil sind.

Solche Defaults erklären wahrscheinlich auch, warum digitale Stars so selten die klassischen Unternehmensberatungen beschäftigen, wie bereits erwähnt. Sind sie wie klassische Unternehmen mit Problemen konfrontiert, die es zu lösen gilt, erlaubt es ihnen die experimentierfreudige Kultur eine Vielzahl der Probleme selbst zu lösen.

Abb. 8.4: Organisationsregeln der Firma Spotify.
Quelle: Eigene Darstellung, nach: Spotify (2014).[58]

---

58 https://labs.spotify.com/2014/09/20/spotify-engineering-culture-part-2/ (abgerufe am 8.09.21).

Die von uns untersuchten digitalen Stars haben gemeinsam, dass sie vor allem neue Defaults einsetzen, die sich von denen etablierter Unternehmen unterscheiden. Viele digitale Starfirmen geben beispielsweise als Default an: „Mach es den Kund/-innen möglichst leicht, Verträge oder Abos zu kündigen." Im Zweifelsfall sollte sich auf der Webseite eine gut sichtbare Schaltfläche befinden, auf die man einmal klicken muss, um seine Konten zu löschen und Dienstleistungen zu kündigen. Warum machen dies die Firmen? Diese Defaults zwingen die Organisation, über Kundenfokus und Leistung in Wettbewerb zu treten. Sie versuchen gar nicht erst, Kund/-innen dadurch zu halten, dass sie Verträge zwangsweise oder automatisch verlängern oder es für die Kund/-innen extrem schwierig machen, das eigene Konto zu löschen. Darüber hinaus stellt die Tatsache, dass Kund/-innen die Produkte nicht mehr nutzen wollen, einen hochrelevanten Frühindikator dar, den die Unternehmensführung lieber früher als später kennen will.

Ein Standard in der Neuproduktentwicklung von Google lautet, ein neues Produkt muss zehnmal größer, besser und schneller sein als alle bestehenden Lösungen.[59] Dies zwingt die Mitarbeitenden, eine ganz neue Lösung zu finden. Eben dieses Neudenken ermöglicht es, bisherige Pfade zu verlassen und Produkte mit neuen Technologien und Produkt-Markt-Kombination zu entwickeln. Weitere Defaults lauten „schnell ist besser als langsam"[60] und „lieber früher als später scheitern."[61] Spätes Scheitern ist sehr viel teurer als frühes und insofern wird Scheitern als Ausgangslage ermutigt und gefördert. Eine Reihe digitaler Stars messen dem Scheitern einen solchen Wert bei, dass sie ihre Mitarbeitenden ermuntern, den schwierigsten Aspekt einer Innovation als erstes anzugehen, früh und oft zu scheitern und nur diejenigen Ideen zu verfolgen, die am vielversprechendsten sind.

Mark Zuckerberg hat vor einigen Jahren in den Raum geworfen, dass ein Produkt erst dann interessant wird, wenn es mindestens eine Milliarde Nutzer hat.[62] Daraus könnte man den Default ableiten, dass, mit jedem neu erdachten Produkt mindestens eine Milliarde Menschen erreicht werden sollen. Bei Google würde das bedeuten: dass wenn ein neuer Service nicht in der Lage ist, eine Milliarde Menschen zu erreichen, er nicht weiter angeboten würde. Dies sorgt dafür, dass sich nur weltweite Technologien durchsetzen. Ein weiterer Default der digitalen Stars priorisiert oftmals zunächst Wachstum vor unmittelbarer Monetarisierung. Anstatt zuerst auf den Business Case zu schauen, wie es in vielen etablierten Un-

---

59 https://www.wired.co.uk/article/a-healthy-disregard-for-the-impossible (abgerufen am 1.10.21).
60 https://about.google/philosophy/ (abgerufen am 1.10.21).
61 https://www.slashgear.com/google-x-explains-why-its-important-to-fail-fast-29385902/ (abgerufen am 1.10.21).
62 https://www.businessinsider.com/zuckerberg-products-need-1-billion-users-2014-10 (abgerufen am 19.01.2022).

ternehmen der Fall ist, liegt der Fokus darauf, ob man mit den eigenen Produkten eine große Reichweite an Nutzer/-innen erzielen kann.

Zusammenfassend lässt sich also festhalten, dass digitale Stars andere Defaults als etablierte Unternehmen setzen, um erfolgreich zu sein. Wichtig ist dabei, zwischen unterschiedlichen Werten abzuwägen (vgl. Abb. 8.5).

Vertrauen VS Kontrolle
Hierarchie VS Demokratie
Chaos VS Bürokratie
Perfektion VS Iteration
Daten/Experimente VS Ego/Autorität/Meinung
Meilensteine VS Profitabilität
Was wollen Kunden VS Was machen Wettbewerber?

Abb. 8.5: Beispiele für die Default-Setzung bei digitalen Stars vs. etablierten Konzernen.
Quelle: Eigene Darstellung, in Zusammenarbeit mit Tanja Schwarzmüller und Prisca Brosi (2018).

9 Recruiting

„The people make the place" – dieser Ausspruch und Titel eines Artikels des US-amerikanischen Managementforschers Benjamin Schneider (1987) bringt den Stellenwert der Mitarbeitendenrekrutierung auf den Punkt. Die Mitarbeitenden sind die zentrale Determinante für das Verhalten der Organisationen – und sie entscheiden damit auch über den Erfolg oder Misserfolg. Zuvor konzentrierte man sich in der Forschung stärker auf Organisationsstrukturen, Schneider entwickelt ein anderes Modell. Demzufolge ist die Rekrutierung der richtigen Mitarbeitenden (und das Halten derselben: „recruitment and retention") für das Personalmanagement eines Unternehmens eine zentrale, wenn nicht die wichtigste Aufgabe. Schneider nennt demzufolge sein Modell Attraction-Selection-Attrition (ASA-Modell) (vgl. Abb. 9.1).

Abb. 9.1: Das ASA-Modell.
Quelle: Eigene Darstellung, nach: Schneider (1987).

Anziehung („Attraction") potenzieller Bewerber/-innen mit einem bestimmten Interessensprofil zu einer Organisation oder im weiteren Sinne zu einem Beruf. Der Person-Organisation-Passung gemäß fühlen sie sich zu einer Organisation hingezogen, die sie als passend erachten – es findet also eine Selbstselektion von Bewerber/-innen vorab statt. Ein klares Profil einer Organisation als Arbeitgeber sorgt dafür, dass sich über die Selbstselektion nur diejenigen bewerben, die ggf. gut in das Unternehmen passen. Je präziser das Profil und je reichhaltiger und authentischer die Informationen über die Organisation sind, desto besser funktioniert die Selbstselektion.

https://doi.org/10.1515/9783110562989-009

Auswahl („Selection") beschreibt die Auswahl der einzustellenden Mitarbeitenden durch die Organisation mithilfe von formellen und informellen Prozeduren. Aus denjenigen, die sich überhaupt bewerben (Selbstselektion im Schritt „Attraction") wird die Auswahl aufgrund der Kriterien der Organisation weiter verengt.

Bei der Fluktuation („Attrition") geht es um das Ausscheiden derjenigen, die zur Organisation keine Passung (mehr) sehen oder im selteneren Fall keine Passung seitens der Organisation festgestellt wird. Kündigen diese Mitarbeitenden ähneln sich laut Schneider (1987) die verbleibenden Personen in ihrer Gesamtheit noch stärker (d. h. die Homogenität der Mitarbeitenden in der Organisation steigt). Die Diversität der Mitarbeitenden sinkt also, was – wie wir im Kapitel zum Top-Management gesehen haben – problematisch sein kann.

Im ASA-Modell von Schneider werden Anziehung, Selektion und Ausscheiden bestimmt von den jeweiligen Zielen, Strukturen und Prozessen der Organisation, um ihr Überleben zu sichern. Zusammenfassend zeigt das Modell, warum der Rekrutierung eine zentrale Rolle im Personalmanagement und der Unternehmensführung generell zukommt.

Was sind nun die Kernfragen, die sich Organisationen bei der Rekrutierung von Mitarbeitenden stellen? Wie lässt sich der Rekrutierungsprozess beschreiben? Dazu hat der US-amerikanische Personalmanagementforscher James Breaugh ebenfalls ein Modell entwickelt (2008) (vgl. Abb. 9.2). Der Prozess lässt sich ihm zufolge in vier Phasen bzw. Aspekte aufteilen:

- Rekrutierungsziele (z. B. Anzahl von zu besetzenden Stellen oder Hintergrund der Kandidaten)
- Strategieentwicklung (z. B. Zielgruppenansprache oder Timing der Rekrutierungsaktivitäten)
- Rekrutierungsaktivitäten (z. B. Methoden oder den Kandidaten vermittelte Informationen)
- Rekrutierungsergebnisse (z. B. Erreichen der unter Rekrutierungsziele genannten Punkte).

Die Phasen werden als linearer Prozess dargestellt mit einer Feedbackschleife von den Zielen zu den jeweiligen zeitlichen Abschnitten. Je nach Zielerreichung werden die einzelnen Aspekte also angepasst. Zentral für das Modell ist der Einfluss der Merkmale der Kandidaten (z. B. Aufmerksamkeit oder Interesse) auf die Beziehung zwischen Rekrutierungsaktivitäten und -zielen. Den Merkmalen der Kandidaten entsprechend führen Rekrutierungsaktivitäten in unterschiedlichem Ausmaß zu den gewünschten Zielen.

Obwohl das Modell von Breaugh den Rekrutierungsprozess und die hierfür wichtigen Komponenten gut erfasst, zeigt es jedoch nicht den Zusammenhang mit

ZIELE DER REKRUTIERUNG	STRATEGIEENTWICKLUNG	REKRUTIERUNGS-AKTIVITÄTEN	ERGEBNISSE DER REKRUTIERUNG (Siehe Rekrutierungsziele)
•Besetzung von "X" Stellen •Art der gesuchten Bewerber: – Ausbildung – Kenntnisse, Fähigkeiten, Fertigkeiten – Berufserfahrung – Interessen – Vielfalt •Zeitrahmen für die Besetzung von Positionen •Anzahl der Bewerber •Arbeitsleistung der neu eingestellten Mitarbeiter •Verbleibquote der neuen Mitarbeiter •Arbeitszufriedenheit der neu eingestellten Mitarbeiter	•Wen rekrutieren? •Wo soll rekrutiert werden? •Timing der Rekrutierungsaktivitäten? •Wie werden die Zielpersonen angeworben? •Welche Botschaft soll kommuniziert werden? •Wen soll man als Rekrutierer einsetzen? •Art des Besuchs vor Ort? •Art des Stellenangebots? •Budgetüberlegungen?	•verwendete Rekrutierungsmethoden •vermittelte Informationen: – Vollständigkeit – Realitätsnähe – Zeitnähe •eingesetzte Rekrutierer •Durchführung des Besuchs vor Ort •Verlängerung des Stellenangebots	

EINFLUSSNEHMENDE JOB-BEWERBER-VARIABLEN

•Bewerberaufmerksamkeit
•Glaubwürdigkeit der Nachricht
•Interesse des Bewerbers:
– Attraktivität der Stelle
– Erwartung des Stellenangebots
– alternative Möglichkeiten
– Eignung von Person und Stelle/Organisation
•Genauigkeit der Positionserwartungen des Bewerbers
•Selbsteinschätzung der Bewerber
•Entscheidungsprozess des Bewerbers

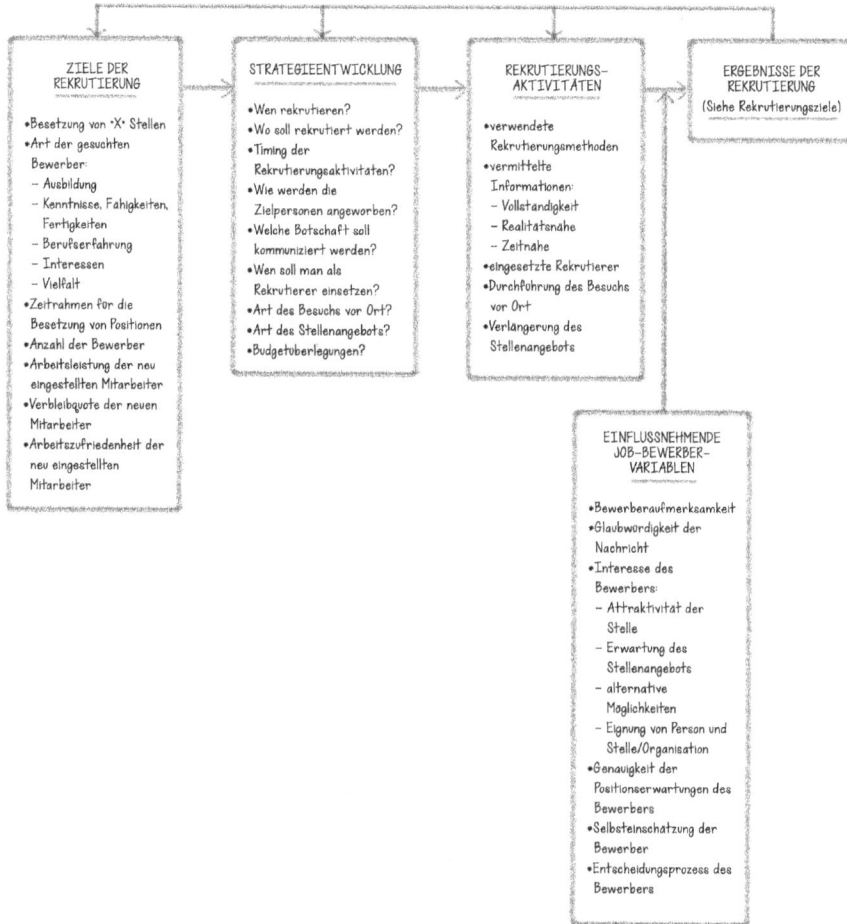

Abb. 9.2: Mitarbeitendenrekrutierung in Organisationen.
Quelle: Darstellung, nach: Breaugh (2008).

der Unternehmensstrategie auf. Diese Thematik wurde in Praxis und Wissenschaft lange vernachlässigt und erst in jüngerer Zeit umfassend systematisch aufgearbeitet. Die beiden US-Wissenschaftler Jean Phillips und Stan Gully (2015) von der Pennsylvania State University entwickelten ein Modell der strategischen Mitarbeitendenrekrutierung, in dem die Zusammenhänge auf mehreren Ebenen verdeutlicht werden (vgl. Abb. 9.3).

Die Autoren unterscheiden hierbei zwischen der Individuums-, der Team- und der Organisationsebene sowie Inputs, Systeme/Regeln/Praktiken und Ergebnissen. Die Rekrutierungsstrategie und die jeweiligen Aktivitäten werden beeinflusst von der externen Umgebung (z. B. Globalisierung, Jurisdiktion, Wettbewerb, generelle wirtschaftliche Lage, Arbeitsmarkt).

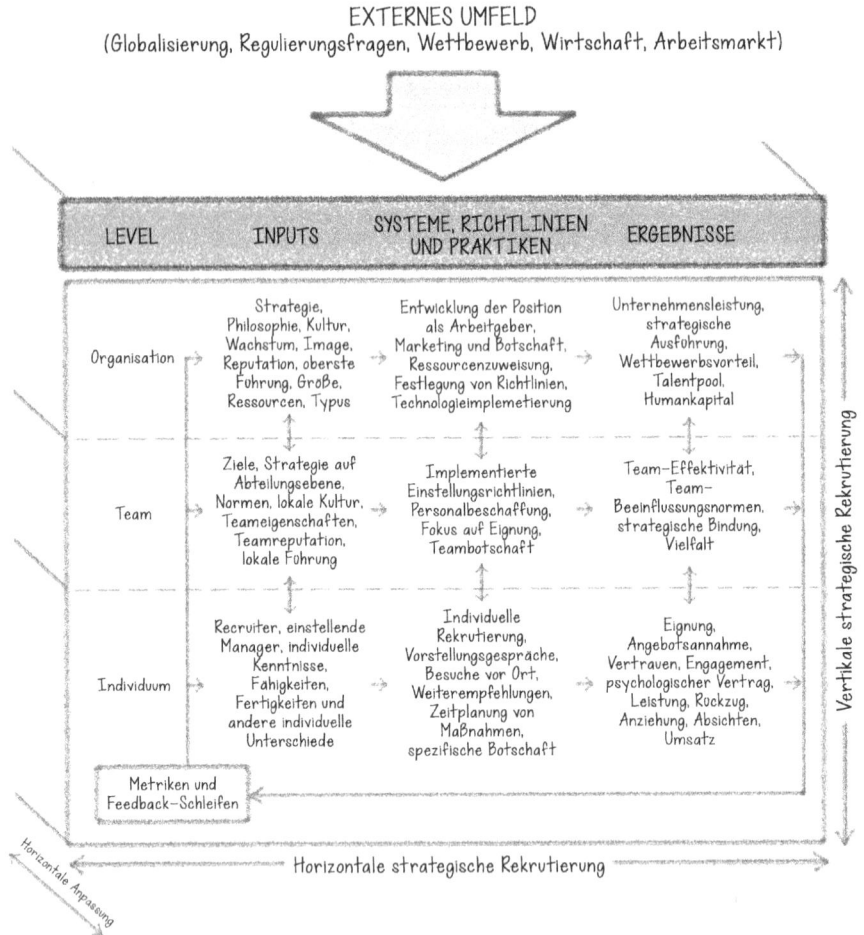

EXTERNES UMFELD
(Globalisierung, Regulierungsfragen, Wettbewerb, Wirtschaft, Arbeitsmarkt)

LEVEL	INPUTS	SYSTEME, RICHTLINIEN UND PRAKTIKEN	ERGEBNISSE
Organisation	Strategie, Philosophie, Kultur, Wachstum, Image, Reputation, oberste Führung, Größe, Ressourcen, Typus	Entwicklung der Position als Arbeitgeber, Marketing und Botschaft, Ressourcenzuweisung, Festlegung von Richtlinien, Technologieimplemetierung	Unternehmensleistung, strategische Ausführung, Wettbewerbsvorteil, Talentpool, Humankapital
Team	Ziele, Strategie auf Abteilungsebene, Normen, lokale Kultur, Teameigenschaften, Teamreputation, lokale Führung	Implementierte Einstellungsrichtlinien, Personalbeschaffung, Fokus auf Eignung, Teambotschaft	Team-Effektivität, Team-Beeinflussungsnormen, strategische Bindung, Vielfalt
Individuum	Recruiter, einstellende Manager, individuelle Kenntnisse, Fähigkeiten, Fertigkeiten und andere individuelle Unterschiede	Individuelle Rekrutierung, Vorstellungsgespräche, Besuche vor Ort, Weiterempfehlungen, Zeitplanung von Maßnahmen, spezifische Botschaft	Eignung, Angebotsannahme, Vertrauen, Engagement, psychologischer Vertrag, Leistung, Rückzug, Anziehung, Absichten, Umsatz

Metriken und Feedback-Schleifen

Horizontale Anpassung

Horizontale strategische Rekrutierung

Vertikale strategische Rekrutierung

Abb. 9.3: Modell der strategischen Mitarbeitendenrekrutierung.
Quelle: Eigene Darstellung, nach: Phillips & Gully (2015)

Auf der organisationalen Ebene liefern Faktoren wie Unternehmensstrategie, Kultur oder Image den Input für entsprechend ausgestaltete Regelwerke, die wiederum Faktoren wie den Talentpool, das Unternehmensergebnis und den Wettbewerbsvorteil beeinflussen. Auf der Teamebene steuern Faktoren wie die Teamziele, die Business-Unit-Strategie oder Normen das Erreichen von Ergebnissen wie Teameffektivität oder Diversität. Auf der Individuumsebene wiederum beeinflussen die Mitarbeitenden der Personalabteilung, aber auch der Hintergrund der Kandidaten die Rekrutierungsaktivitäten und letztlich ihr Ergebnis (z. B. individuelle Passung, Angebot an die Kandidaten oder Ablehnung des Angebots). Die Beschreibung der Individuumsebene entspricht in etwa dem beschriebenen Phasenmodell von Breaugh. Der Vorteil des vorliegenden Modells ist jedoch, dass es den Gesamtzusammenhang und die Wichtigkeit der Rekrutierung für die Unternehmensstrategie und das Unternehmensergebnis auf unterschiedlichen Ebenen transparent macht.

Phillips und Gully (2015) betonen in ihrem Modell die Wichtigkeit der vertikalen und der horizontalen Passung der einzelnen Komponenten, nämlich der Inputs, Systeme/Regeln/Praktiken und Ergebnisse. Eine erfolgreiche Rekrutierungsstrategie kann also nur dann umgesetzt werden, wenn eine ausreichende Passung der Aktivitäten zueinander über die drei Ebenen und drei Komponenten vorliegt. Auch hierfür gilt, dass eine gute Rekrutierungsstrategie dann vorliegt, wenn die einzelnen Komponenten pro Ebene ausreichend ineinandergreifen und aufeinander abgestimmt sind.

Das Modell zeichnet selbstverständlich ein Idealbild der strategischen Rekrutierung, das aufgrund von Koordinationsproblemen in der Praxis so nicht erreicht werden kann. Jedoch ist es vorstellbar, dass Rekrutierungsabläufe generell so aufgesetzt werden können, dass die einzelnen Komponenten sowohl horizontal als auch vertikal ineinandergreifen – wenn man dies als Ziel verfolgen würde. Häufig beobachten wir jedoch, dass die Rekrutierung in der Praxis situationsgetrieben ist und sich nur mittelbar an der Strategie orientiert.

Eine Möglichkeit, eine Passung zwischen den einzelnen Ebenen herzustellen, ist die Entwicklung einer Employer-Branding-Strategie – der Strategie zur Bildung einer Arbeitgebermarke. Während Produktmarken die gedanklichen Assoziationen mit einem Produkt hervorrufen, soll die Arbeitgebermarke („Employer Brand") die gedanklichen Assoziationen zu einem Unternehmen als Arbeitgeber provozieren. Woran denke ich, wenn ich beispielsweise an BMW vs. Daimler als Arbeitgeber denke (nicht als Automobilhersteller oder -marke) oder McDonald's (nicht als Gastronomieunternehmen)? Durch eine systematische Arbeitgeberpositionierung lässt sich das Bild nach außen (z. B. gegenüber potenziellen Bewerber/-innen) und nach innen (z. B. gegenüber aktuellen Mitarbeitenden) gezielt steuern.

Zudem dient die Arbeitsgeberpositionierung zum langfristigen Aufbau der Arbeitgebermarke – wiederum nach außen und innen. Sie ist die Richtschnur für die Rekrutierungsstrategie und -aktivitäten auf den unterschiedlichen Ebenen. Theurer und Kollegen von der TU München (2018) verdeutlichen aufgrund einer systematischen Literaturzusammenschau zum Thema Employer Branding die Zusammenhänge zwischen den vier Komponenten des Employer Branding:

- Employer-Branding-Aktivitäten
- Arbeitgebermarke – die resultierende Vorstellung der potenziellen Bewerber/-innen bzw. aktuellen Mitarbeitenden über ein Unternehmen als Arbeitgeber
- die Ergebnisse für das Unternehmen, nämlich die konkreten Arten der Wertstiftung durch die Arbeitgebermarke, und
- die Auswirkung der Employer Brand auf das Unternehmensergebnis insgesamt (vgl. Abb. 9.4).

Zentral ist, dass die Hauptinhalte der Arbeitgebermarke konsistent über die Rekrutierungsstrategie und die -aktivitäten auf den unterschiedlichen Ebenen vermittelt werden, um eine einheitliche Wirkung als Arbeitgeber auf potenzielle Bewerber/-innen und aktuelle Mitarbeiter/-innen zu entfalten. Nur so kann sie als Richtschnur für die Ausrichtung der gesamten Rekrutierungsstrategie dienen.

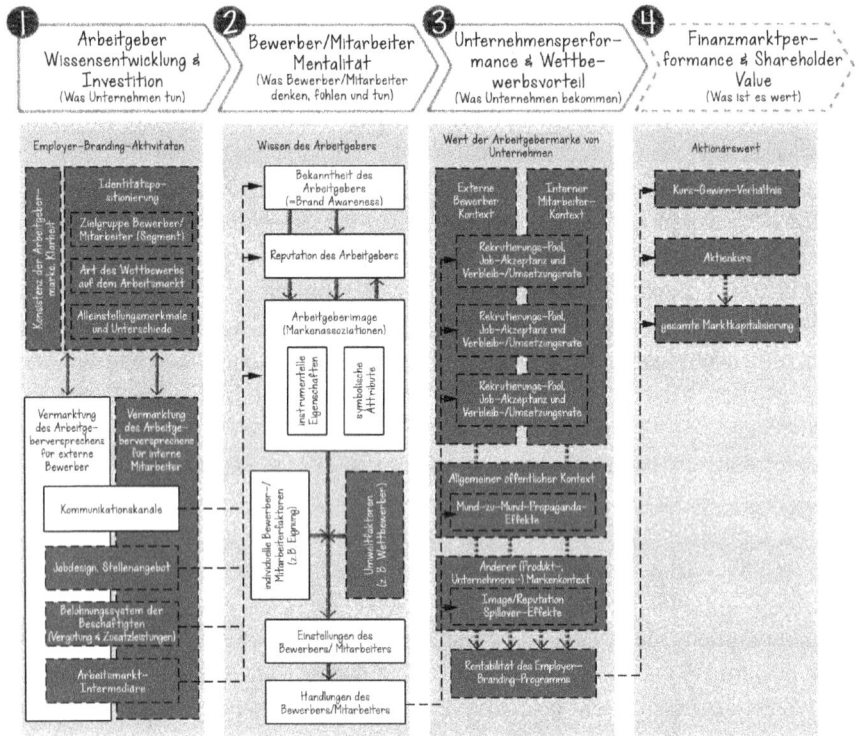

Abb. 9.4: Überblick über Aspekte des Employer Branding.
Quelle: Eigene Darstellung, nach: Theurer et al. (2018).

Wie sehen nun die Arbeitgebermarke und die Attraktivität bei den digitalen Stars aus? Kurz: Sie gehören weltweit zu den beliebtesten Arbeitgebern. Google erhält beispielsweise mehr als zwei Millionen Bewerbungen – pro Jahr. In einer Studie von Gerald Kane und Kollegen vom MIT Sloan Management Review und der Unternehmensberatung Deloitte[63] fragten die Autoren die Teilnehmenden, wie wichtig ist es sei, für ein Unternehmen zu arbeiten, das digital gut aufgestellt ist oder eine führende Rolle in der Digitalisierung spielt. Knapp 80 Prozent der Befragten antworteten, diese Aspekte seien für sie „wichtig" oder „sehr wichtig". Der höchste Anteil derjenigen, die diese Angaben machten, war hierbei mit 85 Prozent bei den 22- bis 27-Jährigen zu verzeichnen, während der niedrigste Anteil – immerhin 72 Prozent – bei den Befragten, die 60 oder älter waren, bestand. Wie erhalten die digitalen Stars so viele Bewerbungen und welche Praktiken verwenden sie in der Personalrekrutierung und -auswahl?

Zum einen sind die erfolgreichsten Unternehmen der Digitalwirtschaft durch ihre Produkte und Dienstleistungen einem sehr breiten Publikum weltweit bekannt. Dies ist eine zentrale Voraussetzung für eine hohe Anzahl an Bewerbungen. Zudem bieten die digitalen Stars ihren Mitarbeitenden zahlreiche Anreize. Nicht nur ein hohes Gehalt, sondern auch attraktive Zusatzleistungen (sogenannte „perks") wie beispielsweise eine kostenlose Kantine, aktuelle Top-Technologie im Bereich Hardware und Software, Fitnessangebote, Elternzeit (sonst in den USA unüblich), Weiterbildungsmöglichkeiten und die Chance, mit herausragenden internationalen Expert/-innen zusammenzuarbeiten. Dieses Angebot gehört sicherlich zu den besten für Arbeitnehmer/-innen weltweit. Daher ist es nicht erstaunlich, dass aufgrund der interessanten Produkte und Dienstleistungen, der großen Bekanntheit und der hohen Gehälter sowie umfangreichen Zusatzleistungen viele Bewerber/-innen für digitale Stars arbeiten möchten.

Wie sieht es auf der Seite der Personalauswahl aus? Erwartungsgemäß sind die Praktiken und Prozesse der digitalen Stars hierbei sehr selektiv, denn bei der hohen Anzahl der Bewerbungen müssen die passenden Mitarbeitenden sehr sorgfältig ausgewählt werden bei gleichzeitig zeitlich überschaubarem Aufwand. So hat Google Anfang der 2000er Jahre eine Recruiting-Kampagne[64] auf großen Plakatflächen gestartet, die ausschließlich folgendes zeigte (vgl. Abb. 9.5):

---

63 https://sloanreview.mit.edu/projects/strategy-drives-digital-transformation/ (abgerufen am 08.04.2018).
64 https://www.heise.de/newsticker/meldung/Jackpot-ein-Job-bei-Google-99005.html (abgerufen am 19.01.2022).

Abb. 9.5: Rekrutierungsaktion von Google.
Quelle: Eigene Darstellung, nach: hansh.[65]

Die Plakate hingen unter anderem am vielbefahrenen Highway 101,[66] der viele Pendler zu ihren Arbeitsplätzen bei Adobe, Apple, Cisco und weiteren Hightech-Unternehmen führt. Google traf also schon hier eine gute Vorauswahl, denn diese Pendler sind genau die Zielgruppe von hochqualifizierten und berufserfahrenen Talenten, die es rekrutieren wollte. Das Plakat zeigt eine Webadresse, die verschlüsselt ist. Um die richtige Adresse herauszufinden, muss die erste zehnstellige Primzahl in den Nachkommastellen der Eulerschen Zahl gefunden werden. Diese Aufgabe eine komplexe Angelegenheit, die sich am besten durch Programmieren lösen lässt und für welche genügend Affinität für das mathematische Denken und Tüfteln vorhanden sein muss, da es keinen erkennbaren anderen Anreiz gibt, diese Aufgabe in seiner Freizeit zu lösen.

Hierdurch werden also zum einen Personen angezogen, die die nötigen Fähigkeiten besitzen und zum anderen intrinsisch für die Aufgabe motiviert sind (d. h. ohne einen Anreiz von außen). Beides sind Wunsch-Eigenschaften bei Kandidat/-innen. Zudem enthält diese Form der Rekrutierung keine Verzerrung hinsichtlich einer bestimmten demographischen Gruppe – sie ist neutral und spricht grundsätzlich mathematisch-programmier-affine Personen an, egal welchen Geschlechts, welcher Herkunft oder sonstigen Hintergrunds. Man vergleiche dies mit den ansonsten

---

65 https://www.hanshq.net/eprime.html (abgerufen am 19.01.2022).
66 http://www.jsoftware.com/papers/play211.htm (abgerufen am 19.01.2022).

üblichen Rekrutierungsplakaten von anderen Unternehmen. Hatte man die korrekte Antwort auf die Aufgabe gefunden, so gelangte man auf die Seite 7427466391. com – diese enthielt eine weitere ähnliche Aufgabe, ohne den geringsten Hinweis auf Google. Hatte man diese zweite Aufgabe ebenfalls richtig gelöst, kam man auf die Seite von Google Labs mit folgendem Text: "Congratulations. Nice work. Well done. Mazel tov. You've made it to Google Labs and we are glad you are here [...].[67] Im Weiteren erklärt Google seinen Rekrutierungsprozess und fordert die Interessent/-innen auf, ihren Lebenslauf zu schicken.

Abgesehen von solchen sehr speziellen Recruiting-Ideen führen die digitalen Stars aufwändige und rigorose Auswahlprozeduren durch. Nach dem Eingang der Bewerbungsunterlagen finden meist zunächst mehrere telefonische Bewerbungsgespräche statt, bevor es zu persönlichen Gesprächen im Unternehmen kommt. Meist sind hierbei die Rollen des sogenannten Hiring Managers und des sogenannten Hiring Committees getrennt. Der Hiring Manager hat die Aufgabe, die Stellen möglichst schnell und mit einer passenden Person zu besetzen. Das Hiring Committee, bestehend aus Vertreter/-innen verschiedener Interessensgruppen (z.B. Diversity Beauftragter), hat jedoch keinen Termindruck und kann sich darauf konzentrieren, die besten Bewerber/-innen auszuwählen. Ein Hiring Manager kann üblicherweise nicht allein über eine Einstellung entscheiden, sondern muss die Meinung des Committees berücksichtigen. So wird sichergestellt, dass niemand überstürzt eingestellt wird, nur weil die Stelle möglichst schnell besetzt werden soll.

Zudem wird bei Einstellungen darauf Wert gelegt, dass die Kandidat/-innen möglichst viele Rollen in den Unternehmen übernehmen können. Dies ist vor dem Hintergrund sich rapide ändernder Technologien und entsprechender Anforderungen plausibel. Bei Facebook geht man gar so weit, dass man gut geeignete Personen, die sich beispielweise initiativ beworben haben oder die man persönlich während einer Veranstaltung kennengelernt hat, einstellt, auch wenn aktuell gar keine Stelle ausgeschrieben ist. Hochqualifizierte Personen will die Firma für sich gewinnen und eine Verwendung sowie passende Aufgaben werden dann sehr schnell gefunden. Selbst, wenn aktuell keine Rolle perfekt passt, so könnte es doch in naher Zukunft genau das Profil dieses/r Mitarbeiter/-in sein, das gesucht wird.

Wie sich anhand der ausgefeilten Praktiken in den Beispielen erkennen lässt, legen die digitalen Stars mehr Wert auf Selektion als auf Sozialisation. In den Auswahlprozess werden viele zeitliche und personelle Ressourcen investiert, damit möglichst wenig unpassende Kandidaten eingestellt werden. Womöglich werden hierbei auch Personen herausgefiltert, die passen könnten – aber eben nicht vollständig

---

67 https://www.jsoftware.com/papers/play211.htm (abgerufen am 1.12.2021).

überzeugen konnten. Angesichts der hohen Bewerberzahlen wiegt dieser Fehler jedoch unter Umständen geringer als der, jemand Unpassendes einzustellen.

Ein rigoroses Auswahlverfahren führt dazu, dass spätere Maßnahmen wie Personalentwicklung, Training sowie Anpassung an die Unternehmenskultur – die Sozialisation also – deutlich weniger Zeit und Ressourcen einnehmen (müssen). Da die Auswahl bereits sehr spezifisch war, müssen sich die neuen Mitarbeitenden nicht mehr in einem hohen Ausmaß an die Kultur anpassen, sondern weisen bereits eine hohe Passung auf. Zudem wird durch diese Vorgehensweise dem Prinzip der Bestenauslese Rechnung getragen.

! Zusammenfassend lässt sich von den Praktiken lernen, dass es sich lohnen kann, viele zeitliche und personelle Ressourcen in die Personalauswahl zu investieren und diese nicht – wie in vielen Unternehmen noch immer üblich – einem Bauchgefühl von ein bis zwei Personen zu überlassen. Durch die Einbeziehung mehrerer, am besten diverser Mitglieder in einem Hiring Committee, wird die Qualität der Personalauswahl verbessert. Hierdurch werden ungewollte Verzerrungen verhindert oder zumindest abgemildert. Zudem sollte das Abschneiden bei typischen, realistischen Aufgaben als Auswahlkriterium verwendet werden und bei der Auswahl nicht zuletzt auf die intrinsische Motivation der Bewerber/-innen geachtet werden.

---

10 Führung und Team-Management

Führung ist traditionell eine zentrale Aufgabe in Unternehmen und dient dazu, Arbeit zu koordinieren und die Tätigkeiten im Sinne der Unternehmensziele auszurichten. Während die meisten Organisationen überwiegend hierarchisch geführt werden lässt sich ein Trend in Richtung Demokratisierung und Verflachung von Hierarchien erkennen (Welpe et al., 2015). Im Zuge der digitalen Transformation wird häufig die Forderung nach flacheren Hierarchien oder gar ihrer Abschaffung gestellt. Doch wie wird bei den digitalen Stars geführt? Welche konkreten Praktiken nutzen die Führungskräfte und sind diese tatsächlich von flachen Hierarchien geprägt? Das bereits oben erwähnte Project Oxygen, das auf Google-eigenen internen Umfragen und Daten basiert, hat zehn Verhaltensweisen von Führungskräften identifiziert, die gute Führung ausmachen. Eine gute Führungskraft:[68]

1. Ist ein guter Coach
2. Ermutigt das Team und führt kein Micromanagement
3. Schafft ein inklusives Teamumfeld und bezeigt Interesse an Erfolg und Wohlbefinden
4. Ist produktiv und ergebnisorientiert
5. Ist ein guter Kommunikationspartner – hört zu und teilt Informationen
6. Unterstützt die berufliche Entwicklung und bespricht die Leistung
7. Hat eine klare Vision/Strategie für das Team
8. Hat das technische Wissen, um das Team zu beraten
9. Arbeitet Google-übergreifend
10. Ist ein starker Entscheidungsträger

Das Projekt wurde 2008 gestartet und seitdem immer wieder aktualisiert – beispielsweise sind die Punkte neun und zehn erst kürzlich hinzugekommen. Google untersuchte auch, ob die Verhaltensweisen mit wahrgenommener Effektivität der Führungskraft (bewertet durch die Geführten) sowie wichtige Team-Ergebnisvariablen wie Arbeitszufriedenheit, (geringe) Kündigungsrate und Teamleistung in Relation zueinander stehen. Es zeigte sich hierbei ein starker Zusammenhang: Je stärker die Führungsverhaltensweisen ausgeprägt waren, desto besser wurde die Effektivität der Führungskraft sowie die zentralen Team-Ergebnisvariablen bewertet. In der Google-internen Forschung wurde sogar versucht, die Kausalrichtung sicherzustellen – d. h. ob diese Verhaltensweisen ursächlich sind für die wahrgenommene Effektivität

---

68 https://rework.withgoogle.com/blog/the-evolution-of-project-oxygen/ (abgerufen am 19.01.2022).

https://doi.org/10.1515/9783110562989-010

und die Team-Ergebnisvariablen. Es zeigte sich – nach eigenen Angaben – dass die Kausalität in die angenommene Richtung zumindest mithilfe von Datenanalysen plausibilisiert werden konnte[69] (da kein Experiment durchgeführt wurde, ist eine Kausalaussage jedoch nicht ableitbar).

Was macht Google mit den Ergebnissen? Konsequenterweise werden die Erfahrungen direkt in das Führungskräfte-Training übertragen. Führungskräfte werden konkret darin geschult, diese zehn Verhaltensweisen umzusetzen und entsprechend ihre Teams zu führen. Während in vielen Büchern und Trainings oft behauptet wird, dass Führung und Management nicht mehr benötigt werden oder sie an Bedeutung verlieren, leitet Google auf Grundlage der eigenen Forschung ab: „We now know that managers still matter. For Google, these ten behaviors are what we've found makes a manager great at Google – determine what makes a great manager in your organization."[70]

Auch hier sehen wir, dass die interne Forschung zu Führung, Verhalten von Mitarbeitenden und Teamergebnissen wichtige handlungsleitende Erkenntnisse zutage fördern kann. Pointiert kann man sagen, dass viele digitale Stars die Erkenntnisse der Organisationsforschung konsequenter nutzen als andere Unternehmen und sich dadurch Wettbewerbsvorteile verschaffen.[71]

Im Gegensatz zu Googles Bekenntnis zum „Manager" setzt der Online-Versandhändler Zappos.com – seit 2009 ein Teil von Amazon.com – auf Selbstmanagement nach der Methode der „Holokratie" („Holacracy"). In diesem System gibt es keine Hierarchien mehr, sondern stattdessen nur Rollen und Zuständigkeiten, die gemeinsam definiert werden. Bei der Holokratie bestimmen eine Reihe von spezifischen Regeln, die online öffentlich einsehbar[72] sind, das Miteinander in der Organisation. An die Stelle von langfristigen Planungen und rigiden Strukturen treten agiles Zusammenarbeiten und kurzfristige Planänderungen, wenn Anpassungen nötig sind.

Obwohl Zappos nach wie vor an der Holokratie für seine 1500 Mitarbeitenden festhält, gibt es auch unter ihnen kritische Stimmen, die das Konzept kritisieren oder gar für gescheitert erklären. Während in Großkonzernen oft ausartende Diskussionen in Meetings für Kritik sorgen und im Rahmen der digitalen Transformation abgeschafft werden sollen, werden bei Zappos die Treffen gerade dafür kritisiert, dass man gar nicht diskutiert, sondern sich nur auf Zahlen und Fakten

---

69 https://rework.withgoogle.com/blog/the-evolution-of-project-oxygen/ (abgerufen am 19.01.2022).
70 https://rework.withgoogle.com/blog/the-evolution-of-project-oxygen/ (abgerufen am 19.01.2022).
71 https://zoe-online.owlit.de/document/zeitschriften/organisationsentwicklung/2017/heft-04/bei
trage/alles-selbstlaufer/MLX_5b7a?authentication=none (abgerufen am 27.04.2018).
72 https://www.holacracy.org/constitution.

konzentriert.[73] Das Kind wird also sprichwörtlich mit dem Bade ausgeschüttet wenn es gar keine Diskussion, keinen Dialog geben darf, sondern nur nüchtern Checklisten durchgegangen und abgehakt werden.

Bei der Muttergesellschaft Amazon – im Gegensatz zum innerhalb der Gesellschaft relativ autonom agierenden Zappos – stehen Führungsprinzipien wiederum hoch im Kurs und sind für alle online zugänglich.[74] Im Mittelpunkt der Führungsprinzipien steht die „Customer Obsession", also „Kundenbesessenheit". Jeff Bezos erklärt häufig, dass viele andere Unternehmen „wettbewerbsbesessen" seien, während Amazon ganz klar anstrebt, das kundenorientierteste Unternehmen der Welt zu sein. Das Führungsprinzip „Customer Obsession – 100 Prozent kundenorientiert" lautet demnach wörtlich: „Leader fangen beim oder bei der Kund/-in an und arbeiten von dort aus rückwärts. Sie arbeiten stetig daran, das Vertrauen unserer Kund/-innen zu gewinnen und zu bewahren. Leader behalten Mitbewerber/-innen im Blick, aber der oder die Kund/-in bleibt immer im Fokus."[75]

Bei Meetings mit Top-Managern bringt Jeff Bezos ganz der Leitlinie entsprechend einen leeren Stuhl mit, der den oder die Amazon-Kund/-in repräsentiert, wie bereits beschrieben. Der bzw. die Kund/-in ist also bei diesen Meetings dabei und die symbolische Anwesenheit fungiert als Lackmus-Test mit der Frage: Profitiert er oder sie eigentlich von dem, was wir hier im Meeting gerade erarbeitet haben?[76] Im Sinne der absoluten Kundenorientierung liest Jeff Bezos noch heute Kundenbeschwerden, die an seine E-Mail-Adresse jeff@amazon.com geschickt werden. Meist beantwortet allerdings nicht er sie, sondern leitet sie an die zuständigen Manager weiter mit der Bitte um Prüfung.[77]

Bemerkenswerterweise findet sich in den Führungsprinzipien auch die Maßgabe „Hire and develop the best[78] – Die besten Mitarbeiter/-innen einstellen und weiterentwickeln". Dies als zentrales Führungsprinzip zu verankern, demonstriert eindrücklich die Wichtigkeit dieser Aufgabe, die in anderen Unternehmen häufig als reine „HR-Sache" angesehen wird. Hier wird erkannt, dass es eine zentrale Aufgabe einer jeden Führungskraft ist, Top-Talente zu finden und zu entwickeln und dies nicht nur eine im Personalmanagement angesiedelte Unterstützungsfunktion ist.

---

73 https://qz.com/849980/zappos-is-struggling-with-holacracy-because-humans-arent-designed-to-operate-like-software/ (abgerufen am 27.04.2018).
74 https://www.amazon.jobs/principles (abgerufen am 27.04.2018).
75 https://www.amazon.jobs/principles (abgerufen am 1.10.21, Übersetzung durch die Autor/-innen).
76 https://www.wuv.de/specials/online_shopping/warum_pressemitteilungen_fuer_amazon_so_wichtig_sind (abgerufen am 27.04.2018).
77 https://www.inc.com/business-insider/amazon-founder-ceo-jeff-bezos-customer-emails-forward-managers-fix-issues.html?cid=search (abgerufen am 27.04.2018).
78 https://www.amazon.jobs/de/principles (abgerufen am 1.10.21).

Das Prinzip „Bias for action – Aktiv handeln"[79] steht im Gegensatz zur Realität in vielen großen Unternehmen, in denen häufig eine „Abstimmeritis" beklagt wird. Man stimmt sich so lange mit allen möglichen Stakeholdern ab – und unternimmt in dieser Zeit sicherheitshalber nichts – bis es eventuell zu spät ist. Hingegen heißt es bei Amazon explizit: „Schnelles Handeln ist wichtig im Geschäftsleben. Viele Entscheidungen und Handlungen sind widerrufbar und müssen nicht ausgiebig vorab untersucht werden. Wir schätzen kalkulierte Risikobereitschaft."[80] Dieses Prinzip dürfte in dieser Ausdrücklichkeit kaum in einem der etablierten großen Unternehmen zu finden sein. Tatsächlich geht bei Amazon damit auch eine gewisse Fehlerkultur einher, ansonsten wäre dieses Führungsprinzip nicht umsetzbar. Obwohl auch bei Amazon Fehler nicht gefeiert werden, folgen ihnen jedoch keine Sanktionierungen,[81] sondern Lernprozesse. Diese Fehlerkultur sorgt dafür, dass sich Mitarbeitende trauen können, Missgeschicke zuzugeben und die Organisation aus den Fehlern lernen kann.

Amazons Prinzipien bestehen aus folgenden 14 Themenkomplexen:[82]

1. Customer Obsession – 100 Prozent kundenorientiert
   Leader fangen beim Kunden an und arbeiten von dort aus rückwärts. Sie arbeiten stetig daran, das Vertrauen der Kunden zu gewinnen und zu bewahren. Leader behalten Mitbewerber im Blick, aber der Kunde bleibt immer im Fokus.
2. Ownership – Verantwortung übernehmen
   Leader sind Eigentümer des Unternehmens. Sie planen auf lange Sicht und opfern langfristige Entscheidungen nicht zugunsten kurzfristiger Ergebnisse. Sie handeln im Interesse des gesamten Unternehmens, nicht nur im Interesse des eigenen Teams. Sie sagen nie: „Das ist nicht meine Aufgabe."
3. Invent and Simplify – Erfinden und Vereinfachen
   Leader fordern von ihren Teams, innovativ und einfallsreich zu sein und immer wieder Wege zu finden, Dinge zu vereinfachen. Sie kennen ihr Umfeld, suchen überall nach neuen Ideen und lassen sich nicht davon beeinflussen, ob Innovationen innerhalb oder außerhalb ihres Teams entwickelt wurden. Wenn sie etwas Neues in Angriff nehmen, akzeptieren sie, dass sie über lange Zeit missverstanden werden könnten.
4. Are Right, A Lot – Die richtige Entscheidung treffen
   Unsere Leaders treffen die richtigen Entscheidungen. Sie haben ein ausgezeichnetes Urteilsvermögen und einen guten Instinkt. Sie suchen unterschiedliche Perspektiven und hören niemals damit auf, ihre Überzeugungen auf den Prüfstand zu stellen.

79 ebd.
80 https://www.amazon.jobs/de/principles (abgerufen am 1.10.21).
81 https://www.wuv.de/specials/online_shopping/warum_pressemitteilungen_fuer_amazon_so_wichtig_sind (abgerufen am 27.04.2018).
82 https://www.aboutamazon.de/arbeiten-bei-amazon/unsere-leadership-prinzipien (abgerufen am 29.04.21).

5. Learn and Be Curious – Neugierig bleiben und stetig Neues lernen
Für Leader ist der Lernprozess nie abgeschlossen, denn sie suchen immer nach Möglichkeiten, noch besser zu werden. Neuen Möglichkeiten begegnen sie neugierig und aufgeschlossen und erkunden sie.

6. Hire and Develop the Best – Die besten Mitarbeitenden einstellen und weiterentwickeln
Leader setzen die Messlatte mit jeder Einstellung und Beförderung höher. Sie erkennen außergewöhnliches Talent und unterstützen Versetzungen und Entwicklungen im Unternehmen. Leader entwickeln Leader und nehmen ihre Coaching-Rolle ernst. Im Sinne unserer Mitarbeitenden arbeiten sie an der Einführung von Entwicklungsmechanismen wie zum Beispiel Career Choice.

7. Insist on the Highest Standards – Höchste Maßstäbe anlegen
Leader setzen unermüdlich hohe Standards – vielen mag dieser Standard sogar unverhältnismäßig hoch erscheinen. Leader legen kontinuierlich die Messlatte höher und motivieren ihre Teams, qualitativ hochwertige Produkte, Services und Prozesse zu entwickeln. Leader achten darauf, dass Fehler keine weiten Kreise ziehen und dass ihre Ursache endgültig behoben wird.

8. Think Big – In großen Dimensionen denken
Wer klein denkt, kann keine großen Ziele erreichen. Leader entwickeln und kommunizieren mutige Visionen und inspirieren zu großen Ergebnissen. Sie denken anders und um die Ecke und suchen überall nach neuen Wegen, um den Kunden zu dienen.

9. Bias for Action – Aktiv handeln
Schnelles Handeln ist wichtig im Geschäftsleben. Viele Entscheidungen und Handlungen sind widerrufbar und müssen nicht ausgiebig vorab untersucht werden. Sie schätzen kalkulierte Risikobereitschaft.

10. Earn Trust – Vertrauen aufbauen und verdienen
Leader sind aufmerksame Zuhörer, treffen aufrichtige Aussagen und behandeln ihre Mitmenschen mit Respekt. Sie üben offen Selbstkritik, selbst wenn das unangenehm oder peinlich ist. Leader wissen, dass sie und ihr Team nicht unfehlbar sind. Sie messen sich und ihr Team an den Besten.

11. Dive Deep – Dingen auf den Grund gehen
Leader arbeiten auf allen Ebenen und verlieren nicht den Blick fürs Detail. Sie überprüfen Entscheidungen und Prozesse regelmäßig und reagieren skeptisch, wenn Erwartungen und Resultate nicht im Einklang stehen. Keine Aufgabe ist ihnen zu unbedeutend.

12. Have Backbone, Disagree & Commit – Uneinigkeit klar kommunizieren und dennoch gemeinsame Entscheidungen unterstützen
Leader müssen Entscheidungen, mit denen sie nicht einverstanden sind, auf respektvolle Art infrage stellen, auch wenn dies unangenehm oder anstrengend ist. Leader haben Überzeugungen und vertreten diese hartnäckig. Sie akzeptieren keine Kompromisse, wenn diese nur zugunsten des Zusammenhalts der Gemeinschaft getroffen werden. Wenn eine Entscheidung gefallen ist, stellen sie sich voll und ganz dahinter.

13. Deliver Results – Ergebnisse liefern
Leader richten ihr Augenmerk auf die wichtigsten Einflussfaktoren für ihren Geschäftsbereich und liefern Ergebnisse in der richtigen Qualität und unter Einhaltung aller Fristen ab. Auch wenn sie Rückschläge hinnehmen müssen, stellen sie sich der Herausforderung und geben niemals auf.

14. Frugality – Gezielter Einsatz von Ressourcen
Mit weniger mehr erreichen. Sich einzuschränken kann auch Einfallsreichtum bewirken, finanzielle Unabhängigkeit und Innovation fördern. Es gibt bei uns keinen Applaus
für Leader, die nur die Anzahl der Mitarbeiter, das Budget oder die Fixkosten erhöhen.

Auch Beth Comstocks acht Prinzipien exponenzieller Führung[83] sind zentral für digitale Stars. Die amerikanische Führungskraft und Autorin vertritt die Ansicht, dass
Führungskräfte sich konstant ihrem Auftrag gemäß auf Wandel konzentrieren sollen. Sie sollen für die Unternehmenskultur sensibilisiert sein und dafür, ob sie den
Wandlungsprozess unterstützt. Zweitens organisieren sie Arbeitsprozesse um Infor-
mationsflüsse herum, sie tendieren dazu, Hierarchien zu ignorieren und unterstützen Offenheit, radikales Feedback und Transparenz. Drittens stärken sie ihre
Mitarbeiter/-innen und sorgen für ein Team, das in der Lage ist, Veränderungen umzusetzen und autonom zu agieren. Viertens legen sie die Visionen und Ziele fest, erlauben aber ihren Teams, ihren eigenen Weg zu finden, um ihr Ziel zu erreichen.
Fünftens etablieren sie Feedbackschleifen und geben und erhalten regelmäßig Feedback, das sie umsetzen. Sechstens sind sie es gewohnt, mit Ambiguität und Unsicher-
heit zu leben. Sie zielen darauf ab, mit Menschen zu arbeiten, die die Ziele mit wenig
Anweisungen und Anleitung erreichen. Weiter ermöglichen sie die Zusammenarbeit
von Menschen, Wissensarbeiter/-innen und Technologie, nutzen künstliche Intelligenz und priorisieren Innovationen wo immer möglich. Sie bekämpfen Strukturen,
Prozesse und kulturelle Hemmnisse, die Innovationen im Weg stehen.

Comstocks Prinzipien:[84]

1. Be a Mission-Based, „Emergence Leader": If you're a leader today, your job is change
and culture. It's a lot of other things, but it doesn't matter where you are in the organization, [the most important aspects] are change and culture. The old is going away (but
it has not fully disappeared), the new is emerging and we're all trying to make sense of
it. Change suddenly shows up and it's disruptive. An emergence leader is constantly
focused on and ready for change.
2. Organize Around Information Flows: In the digital age, information moves fast. To keep
up with information flows, you have to ditch hierarchy. There's no room for bureau-
cracy. It's about openness, candor, radical feedback and full transparency. If you organize your organization around these tenets, you'll thrive. At GE, we've really reorganized
ourselves as a digital industrial company digitizing everything we can get our hands on.
3. Empower Individuals: Build a team of people who are prepared for change and empower them to do great work. The question is: how do you get people to get excited to
grab power and go for it? More autonomy.

---

83 https://singularityhub.com/2017/03/03/8-principles-for-leaders-to-make-the-most-of-the-expo
nential-age/#sm.00000ch1fbbgm4fapwi0uusrj3kyd (abgerufen am 29.04.2019).
84 https://singularityhub.com/2017/03/03/8-principles-for-leaders-to-make-the-most-of-the-exponential-
age (abgerufen am 29.04.19).

4. Define your company's „MO" – Mindset Orientation: Mindset is everything. As a leader, you must provide the vision and then allow your teams to figure their way out. Create a mindset that incentivizes them to do what they need to do the fastest, best way they can. It means they may fail. You should encourage them to fail fast, learn from their mistakes, and keep going. At GE, this process is called FastWorks, and it's built on lean startup methodology.

5. Establish Feedback Loops: Exponential leaders must both give and receive feedback – and importantly, they have to actually use it. Beth offers three ideas here:

   First: „One of the things we've done at GE is we've actually gotten rid of our employee performance reviews. Anyone in the organization can give anyone feedback. I just did a Facebook Live event last week and one of my young colleagues in the company gave me some feedback. It wasn't so good ... ‚You weren't looking at the camera at the right point. You looked like you were distracted.' It was hard feedback to receive, but it was encouraged."

   Second: Beth suggests asking your team a very direct question that yields a lot of value: „What is the one thing that is true that you think I don't want to hear?" Beth comments that you'll be amazed what you'll learn. It's extremely valuable.

   Third: Rather than doing long, convoluted employee surveys, stick to a simple feedback mechanism: Continue, or consider. You get feedback that says either „Continue doing X" or „Consider changing X to make it better." It's really simple, fast and actionable.

6. Get Used to Living in the In-Between: Exponential leaders are comfortable with ambiguity and uncertainty. This is going to be key to survive the change that is coming. Beth advises, „Get used to the ambiguity of working with people who know how to figure it out and who don't need as much instruction."

7. Mash Up Minds and Machines: Exponential leaders use technology to their advantage, combining the power of computing and data with human leadership. They must develop collaborations between people and machines, between artificial intelligence, machine learning, and the people operating in their company, their customers and their executives. Teams that don't do this will be left behind.

8. Prioritize Innovation and Observe Patterns That Block It: Innovating is really hard. Good leaders understand they have to navigate the tension. Sometimes leaders give up, and they don't hold their team accountable for growing. They themselves back off on it. And so is it any wonder that the people on the team deprioritize innovating? It's also important to stick around a while. I've been around my company a while, and it's only after a few years that you start to see the patterns and to understand what went wrong.

Insgesamt lässt sich zu Führungskräften der digitalen Stars festhalten, dass sie in der Lage sein müssen, das Tagesgeschäft, das die Umsätze generiert, gleichzeitig mit dem Zukunftsgeschäft zu managen, das das zukünftige Überleben der Firma sicherstellt. Diese Führungskräfte führen vor allem über die Auswahl von Personen (Selektion) und deren Sozialisation. Sie bestimmen, welche Kriterien in den Auswahlprozessen angelegt werden und welche Standards die Unternehmenskultur prägen.

Außerdem nutzen diese Führungskräfte Mitarbeitende, um die Organisation in ihren Strukturen, Systemen und Prozessen zu verändern, dabei berücksichtigen sie sowohl die internen Talente als auch diejenigen, die sie in Zukunft gewinnen wollen. Entsprechend muss die Organisation gestaltet werden, sodass eine Talentgewinnung möglich ist. Man kann das unter dem Stichwort „structure follows talents" zusammenfassen. Diese Führungskräfte sind darauf angewiesen, Mitarbeitende zu überzeugen und nicht zu überreden, denn Wissensarbeiter und Menschen, die lateral geführt werden, aber über die keine direkte Weisungsbefugnis besteht, können gar nicht anders gewonnen werden. Führungskräfte der digitalen Stars organisieren Kreativität bzw. Arbeitsbedingungen, die Kreativität zulassen, sie finden individuelle Lösungen für Kund/-innen, aber auch individuelle Lösung für Mitarbeitende, sie fokussieren sich auf Innovation und Geschwindigkeit und sie bauen eine meritokratische Organisation auf, die Talent und Leistung unabhängig von persönlichen Merkmalen wertschätzt.

In ihrem Leadership Survey fragte IBM 1500 CEOs: „Was sind eigentlich die Top-Anforderungen an Führungskräfte in der Zukunft?"[85] Die Antwort lautete, dass zukünftig die wichtigste Anforderung an Führungskräfte Kreativität sein wird, gefolgt von Integrität und globalem Denken auf Platz drei.[86] Man könnte nun einerseits erstaunt darüber sein, dass CEOs aus der Wirtschaft den Faktor Kreativität für Führungskräfte an erster Stelle nennen, aber bei weiteren Überlegungen ergibt es Sinn, gehen wir davon aus, dass Unternehmen dann erfolgreich und zukunftsfähig sind, wenn sie Dinge, wie Markttrends, erkennen, die stimmen, aber die konkurrierende Unternehmen nicht sehen. Innovative Lösungen bauen auf Kreativität auf. Die zweite Anforderung an Führungskräfte, Integrität, betrifft eine Vertrauensdimension. Integrität besteht dann, wenn Menschen das tun, was sie gesagt haben, was sie tun werden. Dass an dritter Stelle globales Denken steht, erstaunt nicht in einer global vernetzten transkulturellen Wirtschaft.

Diese Ergebnisse aus dem Jahr 2010 wurden bestätigt von dem World Economic Forum (WEF) im Jahr 2016, das 2020 unter den Top Ten der Fähigkeiten komplexes Problemlösen an erster Stelle, kritisches Denken an zweiter Stelle und Kreativität an dritter Stelle nennt (vgl. Abb. 10.1).[87] Die Stärken der Zukunft liegen vor allem in den kognitiven und sozialen Fähigkeiten – wahrscheinlich weil es noch länger dauern wird, bis Maschinen, künstliche Intelligenz und Algorithmen uns auch in diesen Bereichen übertreffen. Stehen Kreativität und das Organisieren von Kreativität als An-

---

85 https://newsroom.ibm.com/2010-05-18-IBM-2010-Global-CEO-Study-Creativity-Selected-as-Most-Crucial-Factor-for-Future-Success?mhsrc=ibmsearch_a&mhq=ceo%20study%202010 (abgerufen am 13.09.21).
86 https://www.fastcompany.com/1648943/most-important-leadership-quality-ceos-creativity (abgerufen am 8.09.21).
87 Gray, Alex: https://www.weforum.org/agenda/2016/01/the-10-skills-you-need-to-thrive-in-the-fourth-industrial-revolution/ (abgerufen 15.06.21).

Abb. 10.1: Die wichtigsten Fähigkeiten für Führungskräfte.
Quelle: Eigene Darstellung, nach: Gray (2016).[88]

forderung für Führungskräfte an höchster Stelle, stellt sich die Frage, wie und wo entsteht Kreativität in Organisationen? Die Forschung hat darauf eine Antwort: Kreativität entsteht am Übergang zum Chaos („at the edge of chaos"). Pures Chaos ist kein kreativitätsfördernder Zustand, aber im Rahmen der Stabilität, wo alle Routinen und Abläufe bekannt sind, entsteht ebensowenig Kreativität.

Das heißt als Anforderung für Führungskräfte, dass sie ihre Organisation oder zumindest deren Teile so gestalten müssen, dass sie am Rande des Chaos operieren können, dürfen und auch wollen. Die Führungskräfte von digitalen Stars setzen Akzente auf folgende Aspekte: (1) Erstens nutzen digitale Stars Erkenntnisse der Organisationsforschung sehr viel konsequenter als etablierte

---

88 Gray, Alex: https://www.weforum.org/agenda/2016/01/the-10-skills-you-need-to-thrive-in-the-fourth-industrial-revolution/ (abgerufen am 15.06.21).

Unternehmen und sind eng mit der Wissenschaft verbunden. (2) Zweitens etablieren ihre Führungskräfte statt einem „One size fits all" in den Systemen der Organisation individuelle Ziele und priorisieren Ergebnisse. (3) Drittens spielt bei ihnen die Personalauswahl eine herausragende Rolle. (4) Darüber hinaus verdienen klassische Unternehmensberatungen mit digitalen Stars wenig Geld.

(1) Es ist nicht unbedingt so, dass digitale Stars ihre Organisation völlig anders führen oder andere Systeme hätten – sie sind nur sehr viel konsequenter bei der Umsetzung von Erkenntnissen aus der Führungs-, Organisations- und Organisational-Behaviour-Forschung. Zum Beispiel werden 360-Grad-Feedbacks eingesetzt und die Personalauswahl findet bis zur letzten Entscheidung anhand evidenzbasierter, wissenschaftlicher Kriterien statt. Digitale Stars sind überaus interessiert daran, neue Erkenntnisse auch in ihren Organisationen zu verarbeiten.

(2) In Unternehmen digitaler Stars gehört es zum Alltagsgeschäft, dass die Mitarbeitenden zum Beispiel von zu Hause aus oder in Büros an ihrem Heimatort arbeiten.

(3) Beeindruckend ist die Bedeutung der Personalauswahl. Die digitalen Stars stellen durchaus auch mal nur eine/n von ca. 400 Bewerber/-innen ein. Dieser Entscheidung geht, wie bereits erwähnt, ein sorgfältiger Auswahlprozess voraus. Eine besondere Rolle spielt dabei auch die Frage, ob eine kulturelle Passung vorliegt und/oder durch den/die Kanditat/-in eine gewünschte kulturelle Erweiterung des Unternehmens erreicht werden könnte.

Es gibt kein Patentrezept für Führung im Zeitalter der Digitalisierung – auch nicht bei den digitalen Stars. Es lassen sich jedoch über viele digitale Organisationen hinweg einige Gemeinsamkeiten finden, die sich im weitesten Sinne mit dem Begriff der „Sachorientierung" umschreiben lassen. So gehören Agilität, Fehlerkultur und flache Hierarchien nicht – wie häufig kolportiert – als Selbstzweck zu ihren Führungsprinzipien. Vielmehr dienen sie dem Zweck, eine Sache „so richtig gut zu machen" (wie es in Googles zehn Prinzipien heißt: „Es ist am besten, eine Sache so richtig gut zu machen.").[89] Dieser Fokus zeigt sich nicht nur beim Produkt oder der Dienstleistung, sondern auch im Führungsverhalten, in der Organisationsgestaltung oder im Personalwesen – also im gesamten Bereich Management.

Während in vielen etablierten Unternehmen das Management oder die Organisationsgestaltung eigenen Prinzipien folgt und „politisiert" ist (d. h. Entscheidungen werden nach politischen Erwägungen oder nach Hierarchie getroffen), setzen die digitalen Stars konsequent die Sachorientierung auch im Management um. Die Führungsprinzipien dienen unmittelbar der Erreichung der Unternehmensziele. So hat

---

89 https://about.google/intl/de/philosophy (abgerufen am 1.10.21).

sich Amazon auf die Fahnen geschrieben, das kundenfreundlichste Unternehmen der Welt zu werden oder Google, Informationen allen und jederzeit zugänglich zu machen. Alle Führungsprinzipien dienen dazu, genau diese Ziele zu erreichen. Steve Jobs war dafür bekannt, extrem hierarchisch zu führen und ein manischer Micromanager zu sein – wahrlich kein gutes Beispiel für eine flache Hierarchie oder die Verkörperung von „New-Work"-Prinzipien. Sein Erfolg mit Apple spricht jedoch für sich und die Zustimmungsraten seiner Mitarbeitenden auf Job-Bewertungsplattformen wie Glassdoor.com zeigen, dass er trotzdem als eine effektive Führungskraft gesehen wurde.

Digitale Stars versuchen die Prinzipien von Führungskräften nicht abzuschaffen, sondern vielmehr auf die Mitarbeitenden auf jeder Ebene der Firma zu übertragen. Die vorhandenen Führungskräfte unterstützen die Unternehmensvisionen und geleiten die Organisation und ihre Menschen durch die (bevorstehende) Disruption.

11 Schlusswort

In den vorangegangenen Kapiteln haben wir eine Vielzahl an Beispielen und Prinzipien betrachtet, die digitalen Stars zu ihrem Erfolg verholfen haben. Lassen sich durch Kopieren und einfache Umsetzung dieser Prinzipien im eigenen Unternehmen dieselben Erfolge erzielen? Die Antwort lautet: Es kommt darauf an. Konkret hängt es davon ab, ob die Organisation überhaupt bereit ist, solche neuen flexiblen, selbst organisierenden und unbürokratischen Arbeitsformen umzusetzen. Eine Studie von Bruch, Block und Färber aus dem Jahr 2016 lautet: „Arbeitswelt im Umbruch. Von den erfolgreichen Pionieren lernen".[90] In ihr wurde untersucht, wie sich die Einführung neuer Arbeitsformen auf Leistung, Innovation, produktive Energie, Mitarbeitendenbindung und Beschleunigung auswirkt. Ihr zufolge liegen die Erfolgsvoraussetzungen vor allem im Commitment der Mitarbeitenden zum Unternehmen sowie zur Führungskraft und in einer vertrauensvollen Unternehmenskultur. In den Bereichen, in denen flexible Arbeitsmodelle eingeführt wurden und sowohl Vertrauenskultur als auch Commitment vorherrschten, konnten eine höhere Produktivität, größere Zufriedenheit, geringere Erschöpfung und weniger Kündigungsabsichten verzeichnet werden. In jenen Unternehmen, in denen wenig Vertrauen und Commitment herrschte, wurden flexible Arbeitsmodelle eingeführt, mit enttäuschenden Ergebnissen, vor allem hinsichtlich dem Punkt Innovationen. Die sich daraus ableitenden To-dos für Führungskräfte lauten: Sie müssen die Organisation auf innovative Arbeitsweisen und Zusammenarbeit vorbereiten. Darüber hinaus müssen sie Inspiration, Commitment und Aufbau eines vertrauensvollen Arbeitsklimas als ihre zentralen Aufgaben sehen.

---

90 Bruch, Block, Färber (2016): http://interchange-michalik.com/wp-content/uploads/2016/06/Trendstudie_Neue_Arbeitswelt.pdf. (abgerufen am 8.09.21).

https://doi.org/10.1515/9783110562989-011

Literatur

Allianz Global Investors (2010). Der 6. Kondratieff – Wohlstand in langen Wellen. https://www.allianz.com/content/dam/onemarketing/azcom/Allianz_com/migration/media/press/document/other/kondratieff.pdf (abgerufen am 13.09.21).

Anderson, N., Potočnik, K., & Zhou, J. (2014). Innovation and creativity in organizations: A state-of-the-science review, prospective commentary, and guiding framework. *Journal of Management, 40*(5), 1297–1333.

Barnard C. (1998). *Wertemanagement in Organisationen*. In: Management Gurus. Wiesbaden: Gabler. doi:10.1007/978-3-322-82771-5_5

Bock, L. (2015). *Work rules!: Insights from inside Google that will transform how you live and lead*. New York: Grand Central Publishing.

Braun, S., Wesche, J. S., Frey, D., Weisweiler, S., & Peus, C. (2012). Effectiveness of mission statements in organizations–A review. *Journal of Management & Organization, 18*(4), 430–444.

Breaugh, J. A. (2008). Employee recruitment: Current knowledge and important areas for future research. *Human Resource Management Review, 18*(3), 103–118.

Chatterjee A., & Hambrick DC. (2007). It's all about me: Narcissistic chief executive officers and their effects on company strategy and performance. *Administrative Science Quarterly*. 52(3),351–386. doi:10.2189/asqu.52.3.351

Chatterjee A., & Hambrick DC. (2011). Executive personality, capability cues, and risk taking: How narcissistic CEOs react to their successes and stumbles. *Administrative Science Quarterly*. 2011;56(2), 202–237.

Chin, M. K., Hambrick, D. C., & Treviño, L. K. (2013). Political ideologies of CEOs: The influence of executives' values on corporate social responsibility. *Administrative Science Quarterly, 58*(2), 197–232.

Cohen J. (1988): *Statistical power analysis* (2nd ed.). Hillsdale NJ: Erlbaum.

Crossland, C., Zyung, J., Hiller, N. J., & Hambrick, D. C. (2014). CEO career variety: Effects on firm-level strategic and social novelty. *Academy of Management Journal, 57*(3), 652–674.

Desmidt, S., Prinzie, A., & Decramer, A. (2011). Looking for the value of mission statements: A meta-analysis of 20 years of research. *Management Decision, 49*(3), 468–483.

Erwitt J., Smolan R. (2012): *The human face of big data*. New York: Sterling.

Esser, J. K. (1998). Alive and well after 25 years: A review of groupthink research. *Organizational Behavior and Human Decision Processes, 73*(2–3), 116–141.

Galloway, S. (2017). *The Four: The hidden DNA of Amazon, Apple, Facebook and Google*. New York: Random House.

Galloway, S. (2020). *The four horseman post corona*, DLD Sync Talk on May 5 2020.

Gerstner, W. C., König, A., Enders, A., & Hambrick, D. C. (2013). CEO narcissism, audience engagement, and organizational adoption of technological discontinuities. *Administrative Science Quarterly, 58*(2), 257–291.

J. Gonschior, I. M. Welpe & L.-T. Strobel (2020): Nur wer sich anpasst überlebt: Die Evolution der Deutschen Wirtschaft 1960–2018. https://medium.com/@jensgo/nur-wer-sich-anpasst-überlebt-die-evolution-der-deutschen-wirtschaft-1960-2018-93bebedc782c (abgerufen am 13.09.21).

Hambrick, D. C., & Mason, P. A. (1984). Upper echelons: The organization as a reflection of its top managers. *Academy of Management Review, 9*(2), 193–206.

Hermann, A. (2016). *Wir sind Chef: Wie eine unsichtbare Revolution Unternehmen* verändert. Freiburg: Haufe.

https://doi.org/10.1515/9783110562989-012

Hiebl, M. R. (2014). Upper echelons theory in management accounting and control research. *Journal of Management Control*, *24*(3), 223–240.

IBM (2010). IBM 2010 Global CEO Study: Creativity selected as most crucial factor for future success. https://newsroom.ibm.com/2010-05-18-IBM-2010-Global-CEO-Study-Creativity-Selected-as-Most-Crucial-Factor-for-Future-Success?mhsrc=ibmsearch_a&mhq=ceo%20study%202010 (abgerufen am 13.09.2021).

Ismail, S., Malone, M.S., van Geest, Y. & Diamandis P.H. (2014). *Exponential Organizations: Why new organizations are ten times better, faster, and cheaper than yours (and what to do about it)*. New York: Singularity University Book.

Johnson, E. J., & Goldstein, D. (2003). Do defaults save lives?. *Science, 302*(5649), 1338–1339.

Kirsch, A. (2018). The gender composition of corporate boards: A review and research agenda. *The Leadership Quarterly, 29*(2), 346–364.

Kotler, S. (2015). The 6 Ds of exponentials. http://thoughtcatalog.com/steven-kotler/2015/02/the-6-ds-of-exponentials/ (abgerufen am 15.09.21).

Kristof, A. L. (1996): „Person-organisation fit: An integrative review of its conceptualizations, measurement, and implications". *Personnel Psychology*, 49(1),1–49.

Lievens, F., & Slaughter, J. E. (2016). Employer image and employer branding: What we know and what we need to know. *Annual Review of Organizational Psychology and Organizational Behavior, 3*, 407–440.

Liu, D., Jiang, K., Shalley, C. E., Keem, S., & Zhou, J. (2016). Motivational mechanisms of employee creativity: A meta-analytic examination and theoretical extension of the creativity literature. *Organizational Behavior and Human Decision Processes, 137*, 236–263.

Lonergan Partners (2015). *Who runs Silicon Valley: Board of directors edition*. Lonergan Partners Insights.

Ouchi, W. G. (1979). A conceptual framework for the design of organizational control mechanisms. *Management Science*, 25(9) 833–848.

O Reilly, C. A., & Tushman, M. L. (2004). The ambidextrous organization. *Harvard Business Review, 82*(4), 74–83.

Osterloh, M. (2010): *Governance by numbers. Does it really work in research?* Stuttgart: Lucius & Lucius.

Perry, M. J. (2019). Comparing 1955's Fortune 500 to 2019's Fortune 500. https://fee.org/articles/comparing-1955s-fortune-500-to-2019s-fortune-500/ (abgerufen am 15.06.2021).

Phillips, J. M., & Gully, S. M. (2015). Multilevel and strategic recruiting: Where have we been, where can we go from here?. *Journal of Management, 41*(5), 1416–1445.

Post, C., & Byron, K. (2015). Women on boards and firm financial performance: A meta-analysis. *Academy of Management Journal, 58*(5), 1546–1571.

Ramirez, V. B. (2016). The 6 Ds of tech disruption: A guide to the digital economy. https://singularityhub.com/2016/11/22/the-6-ds-of-tech-disruption-a-guide-to-the-digital-economy/ (abgerufen am 15.09.2021).

Rose, D. S. (2014): Angel investing. https://download.e-bookshelf.de/download/0002/4360/82/L-G-0002436082-0003598955.pdf, p. xix. (abgerufen am 13.09.21)

Sarooghi, H., Libaers, D., & Burkemper, A. (2015). Examining the relationship between creativity and innovation: A meta-analysis of organizational, cultural, and environmental factors. *Journal of Business Venturing, 30*(5), 714–731.

Sattelberger, T. (2017). Persönliche Konversation.

Schneider, B. (1987). The people make the place. *Personnel Psychology, 40*(3), 437–453.

Schwinger D. (2016). *Vision and mission statements of digital stars – A Content Analysis*. München: Abschlussarbeit an der TU München.

Strasser, A., Rawolle, M., & Kehr, H. M. (2011). Wie Visionen wirken – Wissenschaftler untersuchen Motivation durch mentale Bilder. *Wirtschaftspsychologie aktuell*, 2, 9–13.

Theurer, C. P., Tumasjan, A., Welpe, I. M., & Lievens, F. (2018). Employer branding: A brand equity-based literature review and research agenda. *International Journal of Management Reviews*, *20*(1), 155–179.

Tumasjan, A., & Welpe. I. (2017). Alles Selbstläufer? Ein Überblick zu Motivations- und Anreizsystemen der „Digital Stars". *OrganisationsEntwicklung*, 4, 19–22.

Vaida B. (2016). *Digital stars, non-digital stars and Dax35 companies: An exploratory study on how leading companies innovate*. München: Abschlussarbeit an der TU München.

Wang, G., Holmes Jr., R.M., Oh, I. S., & Zhu, W. (2016). Do CEOs matter to firm strategic actions and firm performance? A meta-analytic investigation based on upper echelons theory. *Personnel Psychology*, *69*(4), 775–862.

Welpe, I. M., Schwarzmüller, T. & Brosi, P. (2018). *Digital Work Design*. Frankfurt: Campus Verlag.

Welpe, I. M., Tumasjan, A., & Theurer, C. (2015). Der Blick der Managementforschung. In T. Sattelberger, I. M. Welpe & A. Boes (Eds.), *Das demokratische Unternehmen: Neue Arbeits- und Führungskulturen im Zeitalter digitaler Wirtschaft*, S. 89–103). Freiburg: Haufe.

Woodman, R. W., Sawyer, J. E., & Griffin, R. W. (1993). Toward a theory of organizational creativity. *Academy of Management Review*, *18*(2), 293–321.

www.ingramcontent.com/pod-product-compliance
Lightning Source LLC
Chambersburg PA
CBHW061300220326

41599CB00028B/5721